Les aires protégées de Lokobe, d'Ankarana et de la Montagne d'Ambre dans la partie nord de Madagascar / The protected areas of Lokobe, Ankarana, and Montagne d'Ambre in northern Madagascar

Steven M. Goodman, Marie Jeanne Raherilalao & Sébastien Wohlhauser

Association Vahatra / Madagascar National Parks
Antananarivo, Madagascar
2022

Publiée par Association Vahatra
BP 3972
Antananarivo (101)
Madagascar
associatvahatra@moov.mg, malagasynature@gmail.com
&
Madagascar National Parks
BP 1424, Ambatobe
Antananarivo (103)
Madagascar
contact@mnparks.mg, info@madagascar.national.parks.mg

ISBN 978-2-9579849-09

Photo de couverture : la formation des *tsingy* d'Ankarana par Olivier Langrand

Cartes par Landy Holy Harifera Andriamialiranto, Madagascar National Parks

Page de couverture, conception, design et mise en page par Malalarisoa Razafimpahanana

La publication de ce livre a été généreusement financée par Ellis Goodman Family Foundation, Gail & Bob Loveman, Bob & Charlene Shaw, Jai Shekhawat, et Adele Simmons.

Imprimerie : Précigraph, Avenue Saint-Vincent-de-Paul, Pailles Ouest, Maurice
Tirage 2000 ex.

Objectif de la série de guides écotouristiques des aires protégées de Madagascar National Parks

Ce guide a pour objectif de promouvoir l'écotourisme sur l'île et de valoriser ses richesses environnementales à travers ses aspects culturels et naturels. Les Parcs et Réserves de Madagascar abritent une remarquable diversité de plantes et d'animaux exceptionnels, tous uniques à notre planète. Au gré des lignes de ce guide, nous souhaitons vous donner un aperçu de l'importance que représente cette biodiversité précieuse et qui nécessite une attention soutenue pour sa préservation. Vos visites dans ces sanctuaires vous permettront à coup sûr des découvertes extraordinaires et vous offriront l'opportunité de participer à la défense d'une grande cause : la préservation de notre patrimoine naturel. For Life !

Madagascar National Parks
Antananarivo, Madagascar
4 juillet 2022

Objective of the ecotourism guide series of Madagascar National Parks protected areas

This guide book aims through cultural and environmental aspects of the parks and reserves of Madagascar, the enhancement of its natural resources and the expansion of ecotourism on the island. These protected areas hold a great diversity of rather remarkable plants and animals, many of which are unique to our planet. Through this book, we want to inform you about these sites and give you an idea of the importance that this globally unique biodiversity represents, which needs constant attention for its preservation. Your visits will certainly result in extraordinary discoveries and offer you the opportunity to participate in the defense of a great cause, that is to say the preservation of our natural heritage. For Life!

Madagascar National Parks
Antananarivo, Madagascar
4 July 2022

Cet ouvrage est dédié aux illustres bâtisseurs du réseau d'aires protégées de Madagascar, dévoués à l'honorable mission de conservation et de protection de la biodiversité unique de Madagascar et qui ont consacré des années de leur vie à créer et prendre soin de ces joyaux. Aujourd'hui, davantage d'efforts doivent être déployés pour assurer la sauvegarde de nos Parcs et Réserves, derniers vestiges du patrimoine naturel de l'île pour les générations futures. Cet ouvrage symbolise les efforts de nombreux défenseurs de l'environnement et de leur engagement immuable à valoriser les aires protégées de Madagascar.

To the great founders of the protected areas of Madagascar, who have devoted years to building and maintaining this system and honoring the mission of the conservation and protection of Madagascar's unique biodiversity. Representing the island's natural heritage for future generations, more effort must be made to promote the safeguarding of our parks and reserves. The contents of this book symbolize the work of many conservationists and draws on above all the continuous efforts aiming to enhance the value of Madagascar's protected areas.

(Photo par Ralf Bäcker / Photo by Ralf Bäcker.)

TABLE DES MATIÈRES / TABLE OF CONTENTS

2

LES AIRES PROTÉGÉES DE LOKOBE, D'ANKARANA ET DE LA MONTAGNE D'AMBRE /
THE PROTECTED AREAS OF LOKOBE, ANKARANA, AND MONTAGNE D'AMBRE

PRÉFACE

La mission de Madagascar National Parks est d'établir, de conserver et de gérer de manière durable, un réseau national de parcs et réserves représentatifs « des joyaux » de la biodiversité et du patrimoine naturel propres à la Grande Ile.

PREFACE

The mission of Madagascar National Parks is to establish, conserve, and manage in a sustainable manner, a national network of parks and reserves representative "of the jewels" of biodiversity and natural heritage specific to the Grande Ile.

REMERCIEMENTS

La collection « Guides écotouristiques des aires protégées », dont cet ouvrage est le premier de la série, est le fruit de nos recherches, ainsi que de celles d'autres chercheurs et naturalistes qui ont exploré et documenté les étonnants animaux et plantes de Madagascar. Ce guide, écrit en collaboration avec Madagascar National Parks, a pour objectif de promouvoir la visite des aires protégées de l'île par les écotouristes nationaux et internationaux. De plus, nous espérons que la série sera utile pour les élèves malgaches du primaire et du secondaire, comme une fenêtre sur leur remarquable patrimoine naturel.

Une partie du texte est une adaptation d'un ouvrage que nous avons récemment publié sur les aires protégées de Madagascar. Les recherches et la rédaction de ce livre ont été soutenues par une subvention du Fonds de partenariat pour les écosystèmes critiques (CEPF). Le CEPF est une initiative conjointe de l'Agence Française de Développement, de Conservation International, de l'Union européenne, du Fonds pour l'Environnement Mondial, du gouvernement du Japon et de la Banque Mondiale, dont l'objectif fondamental est d'assurer l'engagement de la société civile dans la conservation de la biodiversité.

Nous souhaitons également remercier la Fondation de la famille Ellis Goodman pour son généreux don destiné à la réalisation de cet ouvrage, ainsi que les importantes contributions financières de Gail et Bob Loveman, Bob et Charlene Shaw, Jai Shekhawat et Adele Simmons. Leur généreux soutien est la preuve évidente de leur engagement à promouvoir

ACKNOWLEDGMENTS

The series "Ecotourism guides to protected areas", for which this book is the first to be published, is the product of the authors' years, as well as hundreds of other researchers and naturalists, exploring Madagascar and learning about and documenting its remarkable plants and animals. This current book, which has been written in collaboration with Madagascar National Parks, aims to enhance visits of national and international ecotourists to the island's protected areas. Further, we hope the series will be useful for Malagasy primary and secondary school students, as a window into their remarkable natural patrimony.

A portion of the text presented herein is derived from a recent book we edited on the terrestrial protected areas of Madagascar. The research and writing phases of that book were supported by a grant from Critical Ecosystem Partnership Fund (CEPF). The CEPF is a joint initiative of l'Agence Française de Développement, Conservation International, European Union, Global Environment Facility, Government of Japan, and World Bank. A fundamental goal of CEPF is to ensure civil society is engaged in biodiversity.

We would like to thank the Ellis Goodman Family Foundation for a generous donation to produce this book, as well as important financial contributions from Gail and Bob Loveman, Bob and Charlene Shaw, Jai Shekhawat, and Adele Simmons. The kind support of these individuals is a clear indication of their interest in

l'écotourisme et, de fait, à participer conjointement à la conservation de la biodiversité et des habitats naturels restants et au développement économique du peuple Malagasy.

Les nombreuses personnes, qui ont contribué à la rédaction pour les trois aires protégées présentées dans ce guide, sont citées et remerciées à la fin de chacun des paragraphes. Les photographes et les artistes suivants (par ordre alphabétique) nous ont permis d'utiliser gracieusement leurs splendides images : Martine Bardot-Vaucoulon, Ken Behrens, Brian L. Fisher, Laurent Gautier, Steven M. Goodman, Louise Jasper, Olivier Langrand, Jean Michel Leong Pock Tsy, Madagascar National Parks, Jan Pedersen, Richard Randrianaivo, Achille P. Raselimanana, Fidy Ratovoson, Christopher J. Raxworthy, George E. Schatz, Mark D. Scherz, Harald Schütz, Edmond Sieber, Velizar Simeonovski, Andonahary Jacquis Tahinarivony et Sébastien Wohlhauser.

Malalarisoa Razafimpahanana a assuré la conception, le design et la mise en page de ce guide ; comme durant les 25 années de collaboration passées, nous saluons son attention et soin du détail.

Nous sommes particulièrement enchantés de la collaboration avec Madagascar National Parks et reconnaissants pour les apports au texte de la part des collaborateurs suivants : Ollier D. Andrianambinina, Gérard Bakarizafy, Candicia Bikini, Amidou Djaovita, Mark Fenn, Lalatiana O. Randriamiharisoa, Haingo Rasamoela et Chantal N. Razanajovy ; nous tenons à remercier particulièrement Landy Andriamaliranto qui a assuré la production des cartes détaillées.

advancing ecotourism on Madagascar and at the same time the conservation of the island's remaining natural places and the economic development of the Malagasy people.

A number of individuals contributed to the texts for the three protected areas presented herein and they are acknowledged at the end of each of these three sections. We wish to recognize the photographers and artists that allowed us to produce their splendid images here and these include in alphabetic order by family name: Martine Bardot-Vaucoulon, Ken Behrens, Brian L. Fisher, Laurent Gautier, Steven M. Goodman, Louise Jasper, Olivier Langrand, Jean Michel Leong Pock Tsy, Madagascar National Parks, Jan Pedersen, Richard Randrianaivo, Achille P. Raselimanana, Fidy Ratovoson, Christopher J. Raxworthy, George E. Schatz, Mark D. Scherz, Harald Schütz, Edmond Sieber, Velizar Simeonovski, Andonahary Jacquis Tahinarivony, and Sébastien Wohlhauser.

Malalarisoa Razafimpahanana was responsible for the design of the book and its typesetting, and, as over the past 25 years working together, we are grateful for her careful attention to detail.

At Madagascar National Parks, we acknowledge the collaboration and input into this text from Ollier D. Andrianambinina, Gérard Bakarizafy, Candicia Bikini, Amidou Djaovita, Mark Fenn, Lalatiana O. Randriamiharisoa, Haingo Rasamoela, and Chantal N. Razanajovy. From that same organization, we are grateful to Landy Andriamaliranto for producing the fine maps presented herein.

INTRODUCTION

Dans ce guide de poche, nous présentons trois aires protégées gérées par Madagascar National Parks (https://www.parcs-madagascar.com/) et situées dans le Nord de Madagascar (Figure 1). Couvrant une gamme considérable de la biodiversité terrestre de cette région écologiquement variée de l'île, ces sites sont : la forêt dense humide de basse altitude de Lokobe (sur l'île adjacente de Nosy Be), les forêts denses sèches et semi-décidues et la végétation xérophile sur *tsingy* d'Ankarana (au nord d'Ambilobe), ainsi que la forêt dense humide de moyenne altitude de la Montagne d'Ambre (à côté d'Antsiranana ou Diégo-Suarez). Les différents substrats et les histoires géologiques superposés à des régimes climatiques différents expliquent les variations spectaculaires de flore et de faune entre ces trois aires protégées ; leur relative proximité géographique offre ainsi aux visiteurs l'opportunité d'apprécier le contraste de ces trésors de biodiversité.

D'une manière générale, le climat des zones de basse altitude du nord de Madagascar est marqué par deux saisons distinctes. La saison sèche et fraîche s'étend de mai à novembre avec des températures quotidiennes moyennes d'environ 25 °C. La saison humide et chaude s'étend de décembre à avril avec des températures pouvant atteindre plus de 35 °C ; durant celle-ci, le passage de cyclones peut engendrer des pluies torrentielles. Le régime de vent fort spécifique au nord de l'île, appelé *varatraza* dans le dialecte nord

INTRODUCTION

In this pocket guide, we present three protected areas managed by Madagascar National Parks (https://www.parcs-madagascar.com/) in northern Madagascar (Figure 1). These sites encapsulate an important portion of the terrestrial biotic diversity of this ecologically diverse area of the island and include the lowland moist evergreen forests of Lokobe (on the adjacent island of Nosy Be); the dry deciduous, humid semi-deciduous, and *tsingy* forests of Ankarana (north of Ambilobe); and the montane moist evergreen forests of Montagne d'Ambre (close proximity to Antsiranana or Diégo-Suarez). As the result of varying geological formations and history, superimposed on differing climatic regimes, the flora and fauna of these three protected areas are dramatically different from one another, but given that the three sites are in relatively close geographical proximity, provide the means for visitors to the region to view and experience these contrasting biodiversity treasures.

In general, the climate of lowland northern Madagascar is marked by two distinct seasons, a relatively dry and cool period from May to November with average daily temperatures around 25°C and a wetter and warmer period from December to April with temperatures that can reach more than 35°C. During the latter period rains can be associated with passing cyclones and torrential rain. The north of the island has a very distinct gusty season, known as *varatraza* in the northern dialect of Malagasy, with

6

LES AIRES PROTÉGÉES DE LOKOBE, D'ANKARANA ET DE LA MONTAGNE D'AMBRE /
THE PROTECTED AREAS OF LOKOBE, ANKARANA, AND MONTAGNE D'AMBRE

du Malagasy, souffle de fin mars à fin novembre ; il est particulièrement soutenu entre juin et septembre.

Les trois sites sont aisément accessibles et grâce aux vastes réseaux de sentiers et aux infrastructures d'accueil alentours (hôtels et restaurants de différentes catégories), ils forment un **circuit naturaliste fascinant présentant un large éventail des biotopes** uniques de Madagascar.

L'accès au Nord de Madagascar par des vols directs depuis la capitale Antananarivo (Tananarive) permet d'**éviter le long voyage par route de deux jours**, intéressant mais fatigant, depuis Antananarivo. Alternativement, les visiteurs peuvent voyager par route dans une direction et utiliser le transport aérien dans la direction opposée, ce qui donne un contexte clair de la géographie, des reliefs et des paysages de l'île.

En avion, le circuit peut s'organiser dans deux sens. En arrivant par avion sur l'île adjacente de Nosy Be, les touristes pourront visiter Lokobe, et ils pourront aussi s'adonner à d'autres magnifiques excursions et activités, puis rejoindre la côte de Madagascar en bateau où des transferts pré-organisés leur permettront d'atteindre par route l'Ankarana, puis la Montagne d'Ambre et finalement Antsiranana pour le vol retour. Inversement, le circuit peut se faire au départ d'Antsiranana, puis la Montagne d'Ambre et l'Ankarana par route, puis en bateau vers Nosy Be pour la visite de Lokobe et le vol retour vers Antananarivo.

Une option qui offre une meilleure appréciation du contexte géographique, du relief et des

strong daily winds starting in late March to late November and most prominent between June and September.

The three sites are easily accessible and with extensive trail systems and nearby infrastructure (hotels and restaurants of different classes), they form a sort of **natural and biologically intriguing circuit representing a range of biotopes** unique to Madagascar. Visitors arriving in northern Madagascar by direct flights from the island's capital in Antananarivo (Tananarive) can **avoid the long two day 1,100 km road trip**, which is interesting but can be tiring, from Antananarivo. Alternatively, visitors can drive in one direction and use air travel in the opposite direction, which gives a clear context of the geography, landforms, and landscapes of the island.

The circuit can be done in two different directions. Those flying to Nosy Be and after a visit to Lokobe and many other wonderful sites and things to do on that nearshore island, transfer to the Madagascar mainland by boat where prearranged land transport can take them to Ankarana and then on to Montagne d'Ambre, terminating in Antsiranana and with a flight back to Antananarivo. The circuit can also be done in the opposite direction from Antsiranana to Montagne d'Ambre, Ankarana, and then by boat to Nosy Be, a visit to Lokobe, and then flying back to Antananarivo.

Tourists visiting this fascinating portion of Madagascar and interested in the natural world will be able to discover and marvel at the regional ecological complexity and beauty in three different protected areas

paysages de l'île est de voyager par route à l'aller, puis par avion au retour, ou inversement.

Dans ces trois aires protégées gérées par Madagascar National Parks, les touristes intéressés par la nature pourront découvrir la beauté et les merveilles exprimées par la complexité écologique de cette étonnante région de l'île avec une logistique relativement aisée. Au jour de la rédaction de ce texte (début juin 2022), seuls les vols internationaux directs vers le nord de Madagascar desservent Nosy Be. La réouverture des liaisons aériennes internationales directes vers Antsiranana est attendue prochainement et il est préférable de s'assurer des éventuels changements avec les agences de voyage.

De plus, les écotouristes auront l'opportunité d'éprouver concrètement la complexité de la mise en œuvre des programmes de conservation à Madagascar et d'apprécier les actions conduites par Madagascar National Parks pour protéger le patrimoine naturel de l'île, et ce, tout en impliquant les populations locales pour progresser vers ces objectifs. A la vue des merveilles naturelles de ces aires protégées, il est important de garder à l'esprit que la majorité des organismes observés ne vivent qu'à Madagascar (**endémique**), et certains uniquement dans le Nord de Madagascar (**micro-endémique**). Une définition de certains termes utilisés dans cet ouvrage est fournie dans un chapitre ci-après, en particulier ceux qui seraient inhabituels pour certains lecteurs.

Certains textes de ce guide ont été extraits et adaptés d'un ouvrage bilingue (français-anglais) en trois

managed by Madagascar National Parks, with relatively simple logistics. At the time this text was completed (early June 2022), overseas commercial flights have reopened arriving directly to the northern Madagascar airport on Nosy Be. It is anticipated that direct flights to Antsiranana from overseas will recommence in the near future and best to check on such changes with your travel agent.

Further, ecotourists will be able to see firsthand and understand the intricacies of conservation programs on Madagascar and the actions of Madagascar National Parks to protect the island's natural patrimony, including collaboration with local populations to advance these goals. When viewing the natural wonders of these protected areas, please keep in mind that the majority of the organisms you will encounter are restricted to Madagascar (**endemic**) and many to northern Madagascar (**microendemic**). In a section below, we provide definitions of terms used herein, particularly those that might not be familiar to some readers.

Portions of this text have been extracted and modified from a bilingual (French-English) three-volume book on the terrestrial protected areas of Madagascar published by the same authors (Goodman *et al.*, 2018) and available from Association Vahatra in Antananarivo (http://www.vahatra. mg/indexeng.html) or as separate French and English e-books (https:// press.uchicago.edu/ucp/books/ publisher/pu3431914_3431915.html). Further, other details on the three sites presented herein can be found on the Madagascar Protected Areas

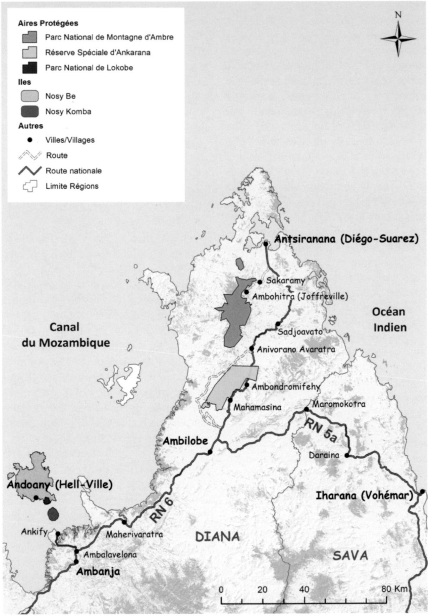

Figure 1. Carte du Nord de Madagascar et localisation des trois aires protégées abordées dans cet ouvrage, ainsi que des routes d'accès et des villes citées dans le texte. / **Figure 1.** Map of northern Madagascar and the location of the three protected areas covered in this book, as well as access roads and towns mentioned in the text.

tomes sur les aires protégées terrestres de Madagascar publié par les mêmes auteurs (Goodman *et al.*, 2018) et disponible auprès de l'Association Vahatra (http://www.vahatra.mg/indexeng.html) ou en format e-book séparément en français ou en anglais https://press.uchicago.edu/ucp/books/publisher/pu3431914_3431915.html). De plus, d'autres informations sur les trois aires protégées présentées ci-après peuvent être trouvées sur le portail des aires protégées de Madagascar (https://protectedareas.mg/) en anglais, français et Malagasy, ainsi qu'un nombre considérable de documents pdf couvrant un large éventail de sujets sur les aires protégées terrestres de l'île. Les visiteurs de ces trois aires protégées qui observent des espèces précédemment non-documentées dans l'un des sites peuvent également télécharger leurs observations sur une page dédiée (https://protectedareas.mg/species/contribute).

Arrivée et visite des sites

Après leur arrivée au bureau d'accueil de l'aire protégée, les visiteurs devront s'acquitter des **droits d'entrée** (payables uniquement en monnaie locale) ; les tarifs dépendent du site, des zones visitées, de l'âge des visiteurs et de leur nationalité (étrangère ou Malagasy). Ces droits assurent une contribution conséquente aux coûts opérationnels de Madagascar National Parks et représentent ainsi la contribution essentielle de chaque visiteur à la protection de la biodiversité Malagasy et au développement socio-économique des communautés vivant aux alentours des aires protégées.

portal (https://protectedareas.mg/) in English, French, and Malagasy, including a considerable number of pdf documents covering a variety of subjects on the terrestrial protected areas of the island. Visitors to these three protected areas observing species previously unknown to a site, can upload their observations on this site (https://protectedareas.mg/species/contribute).

Arrival and site visits

After arriving at the reception office of a protected area, visitors will need to pay **entrance fees** (payment only accepted in local currency); prices vary depending on the site, portions to be visited, age of visitors, and if they are Malagasy or international guests. These fees ensure a measurable portion of the operational costs of Madagascar National Parks and thus represent your personal and essential contribution to the protection of Malagasy biodiversity and the socio-economic development of communities living in close proximity to protected areas. The receptionist at the site will calculate the costs and prepare the tickets and receipt; it is best to keep these handy, as at some sites MNP staff stationed along trails may request to see them. For visitors engaged in professional activities, such as film-making, reporting, and photography, a different entrance fee system applies and they should enquire at the entrance office or at the principal Madagascar National Parks office in Antananarivo, which is in close proximity to the *Lycée Français de Tananarive* in a neighborhood

Après le calcul du montant des droits d'entrée, l'agent d'accueil délivre les tickets et le reçu correspondant ; il est conseillé de garder ceux-ci accessibles au cours de la visite, car, sur certains sites, le personnel de MNP, positionné sur les sentiers, est susceptible de les contrôler. Pour les visiteurs dont l'objet de la visite est professionnel, par exemple prise de photographies ou tournage de films ou documentaires, le système de tarification de droits d'entrée est différent et ceux-ci devront s'informer au bureau d'accueil ou au siège de Madagascar National Parks à Antananarivo, situé à proximité du Lycée français de Tananarive dans le quartier d'Ambatobe, ou contacter info@madagascar.national.parks.mg ou contact@mnparks.mg.

Pour la plupart des aires protégées gérées par Madagascar National Parks, il est **obligatoire d'engager des guides locaux pour la visite** ; pour les trois sites présentés de ce guide, les visites autoguidées (sans guides) sont autorisées uniquement à Lokobe. Ces guides, généralement originaires des villages environnants, ont des connaissances substantielles sur la nature, les aspects culturels et le réseau de sentiers et ont été formés pour apporter aux visiteurs des informations détaillées sur l'aire protégée, sa flore et sa faune. Les tarifs de guidage s'ajoutent aux droits d'entrée et dépendent de la durée de la visite dans l'aire protégée, des circuits prévus et du nombre de visiteurs dans le groupe. Il est prudent de vérifier les tarifs de guidage affichés dans le bureau d'accueil avant de définir et de valider les détails avec le guide engagé.

known as Ambatobe or be in contact via info@madagascar.national.parks.mg or contact@mnparks.mg.

For the majority of protected areas managed by Madagascar National Parks, it is **obligatory for visitors to engage local guides** for the site visit; for the three protected areas covered in this book, auto-guided visits are only allowed in Lokobe. Most of the guides come from surrounding communities, have considerable knowledge on the local natural history, cultural aspects, and trail systems, and have been trained to provide visitors with details on the protected area and its flora and fauna. Guiding costs are over and above the entrance fees and depend on the time to be spent at the site, circuits to be followed, and the number of people in the group. Best to verify guiding fees posted at the reception office before setting out and confirm the arrangements with the person engaged.

It is important to point out that in general the period tourists visit Madagascar, specifically in the protected areas, is seasonal and the fees they receive are important for their annual income, as well as to advance the local economy and create a clear association between conservation and economic development. In cases when visitors are satisfied with the services of their guide, it is customary to give a tip. At the reception office of each site are posted the **rules for visitors** and it is highly recommended that you familiarize yourself with these important points. It is forbidden to bring domestic pets into protected areas.

It is strongly suggested for visitors to have sufficient **drinking water** with

Il est important de préciser que la fréquentation touristique est saisonnière, en particulier dans les aires protégées, et que les montants versés aux guides sont une part conséquente de leur revenu annuel et que cela participe au développement de l'économie locale, tout en matérialisant la contribution de l'aire protégée au développement économique. Dans le cas où les visiteurs sont satisfaits de leur visite, il est également coutumier de donner un pourboire. **Le règlement destiné aux visiteurs** est affiché dans le bureau d'accueil de chaque site et il est vivement recommandé de s'imprégner de ces éléments d'attention avant la visite. Il est interdit d'amener des animaux de compagnie dans les aires protégées.

Il est fortement conseillé aux visiteurs d'emporter une quantité suffisante d'**eau potable**, au moins 1 litre par personne par jour, voire 1,5 à 2 litres pour l'Ankarana où les températures sont plus chaudes et les sentiers plus exposés au soleil. Il est également recommandé, selon le site et la saison, de prévoir **chapeau, crème solaire, anti-moustique et imperméable**. Pour les visites des grottes d'Ankarana, une aventure mémorable, il est important d'emporter une lampe-torche par personne. Pour les visiteurs plus aguerris, il est recommandé d'emporter des jumelles afin d'observer plus en détail les animaux rencontrés, un appareil photo pour documenter les observations et divers guides de terrain concernant Madagascar pour, par exemple, vérifier certains critères d'identification des espèces ; ces divers accessoires représentent un atout considérable

them, at least 1 liter per person for a day visit, and at Ankarana with its hotter temperatures and more exposed sunlight, probably best to have at least 1.5 to 2 liters per person. Also depending on the site and season, it is also important for visitors to carry a **hat, mosquito repellent, sunscreen, and rain gear**. For those planning on exploring caves at Ankarana, which is guaranteed to be a memorable experience, a flashlight (torch) for each person is important. We also recommend for visitors with special interests to bring along binoculars to examine in closer detail organisms seen along the trails, cameras to archive what you have seen, and different field guides available for Madagascar, for example, to verify details on species identification; these different items will allow a greater appreciation of the natural curiosities of protected areas.

Also, please keep in mind that different animal groups are **seasonally active**, which include, for example, most species of frogs, some small mammals, and several species of lemurs; **during the cooler dry season some of these animals are difficult to find**. Hence, it is best, when possible, to plan your visit to the protected areas covered in this book, particularly Ankarana, during the rainy season (details presented in text under each protected area).

Good manners in the forest and in protected areas

In order not to disturb animals and to observe them in close proximity, please be as quiet as possible when

pour magnifier la contemplation des merveilles de ces aires protégées.

De plus, il est essentiel de garder à l'esprit que certains groupes d'animaux ont une **activité saisonnière marquée et que, durant la saison fraîche et sèche, ces animaux sont difficiles à trouver** ; c'est par exemple le cas de la plupart des batraciens, certains petits mammifères et plusieurs espèces de lémuriens. Ainsi, il est préférable, quand cela est possible, de prévoir votre visite durant la saison des pluies pour les aires protégées présentés dans ce guide, en particulier l'Ankarana (des détails à ce sujet sont présentés dans le chapitre de chaque aire protégée).

Bonnes pratiques en forêt et dans les aires protégées

Afin de ne pas déranger les animaux pour les observer au plus près, il est conseillé de marcher le plus discrètement possible en forêt, à voix basse et, bien évidemment, sans musique. De même, il est préférable de rester en groupe relativement compact juste derrière le guide. Il est aussi important de **rester sur les sentiers existants**, à moins de s'écarter de quelques pas afin d'observer plus près ou photographier quelque chose. Il est primordial que tous les visiteurs respectent les tabous locaux (*fady* en Malagasy) propres à chaque aire protégée ; les guides préviennent les visiteurs sur ce qui est interdit ou non.

Il est **strictement interdit par la loi de récolter des plantes et des animaux** dans les aires protégées, ainsi que, pour les visiteurs, de capturer et manipuler des animaux. Les guides peuvent capturer certains

walking through the forest, with low voices and, of course, no music playing. Also, best to remain in a relatively close group just behind your guide. It is also important to **stay on established trails**, other than to venture a short distance away to observe or photograph something more closely. It is critical that all visitors follow local taboos (*fady* in Malagasy) associated with each protected area – your guide will explain these to you and what you can and cannot do.

It is **strictly forbidden by national law to collect plants and animals** in a protected area, as well as for tourists to trap and handle animals. Your guide may capture different animals (for example, amphibians and reptiles) for closer viewing and photographing, but these must be returned to the place of capture. As the presence of **chytrid fungus**, a disease that is impacting frog populations at a large scale in many portions of the tropics, has been found on Madagascar, and is spread by contaminated equipment used in water (lakes, marshes, streams, and rivers) elsewhere in the world where the fungus is present, it is strongly suggested that travelers arriving in Madagascar disinfect there boots or other gear before entering water bodies and reduce the risk of transmitting the fungus. The key general concept is to **show complete respect** for the wonders you will see in these protected areas, just about all of these organisms are unique to our planet and in many cases can be found only in northern Madagascar.

Enjoy your visit and discovering the wonders of the three protected areas covered in this book!

animaux (par exemple les amphibiens et les reptiles) afin de les observer au plus près ou pour les photographier, mais ceux-ci seront relâchés par le guide à l'endroit de leur prélèvement. Etant donné la découverte de la **chytridiomycose** à Madagascar, il est fortement recommandé aux visiteurs arrivant à Madagascar de désinfecter leurs bottes et équipements avant de traverser les zones humides afin de réduire le risque de propagation du champignon ; cette maladie, qui décime les batraciens dans plusieurs zones tropicales, est disséminée par les équipements utilisés dans des eaux infectées par le champignon chytride (lac, marais, ruisseaux, rivières). L'attitude indispensable est de **témoigner un respect absolu** pour les merveilles observées dans ces aires protégées, car tous ces organismes sont uniques à notre planète et pour, beaucoup d'entre eux, ne peuvent être trouvés que dans le Nord de Madagascar.

Profitez de votre visite et partez à la découverte des merveilles des trois aires protégées présentées dans ce guide !

References

Goodman, S. M., M. J. Raherilalao & S. Wohlhauser (eds.) 2018. *Les aires protégées terrestres de Madagascar: leur histoire, description et biote / The terrestrial protected areas of Madagascar: their history, description, and biota*. Association Vahatra, Antananarivo.

DÉFINITIONS

Agriculture itinérante (tavy) – système agricole, également connu sous le nom d'agriculture sur abattis-brûlis, où on pratique la mise en culture alternée de zones forestières défrichées et brûlées, puis laissées en friches plusieurs années afin d'assurer la régénération des sols.

Altitude – dans le texte, l'altitude est donnée en mètres par rapport au niveau de la mer.

Autochtone – relatif à un organisme dont la présence est naturelle dans une zone, par opposition à un organisme introduit.

Catégories de risque d'extinction de la liste rouge de l'UICN – le statut de conservation (risque d'extinction), extrait de la Liste rouge de l'UICN, est mentionné uniquement pour les espèces correspondant aux catégories « menacées » à savoir : En danger critique (CR), En danger (EN) et Vulnérable (VU).

Catégorie d'aires protégées selon l'UICN – au niveau international, l'UICN classe les aires protégées en six catégories, qui correspondent à divers objets (espèces, écosystèmes, paysages) et/ou aux niveaux de protection (strict, ouvert au tourisme, activités agricoles réglementées) et dont les dénominations sont les suivantes à Madagascar : I) Réserve Naturelle Intégrale, II) Parc National, III) Monument Naturel, IV) Réserve Spéciale, V) Paysage Harmonieux Protégé et VI) Réserve de Ressources Naturelles.

Edaphique – relatif à la nature ou aux conditions particulières d'un sol.

DEFINITIONS

Edaphic – related to or associated with particular soil conditions.

Elevation – herein all cited elevations are with reference to above sea-level.

Emergent trees – the vertical layer (or isolated tree) in forests made up of the tallest trees with their crowns emerging above the canopy.

Endemic – an organism restricted to a given area. For example, an animal that is only known from Madagascar is endemic to the island (see **microendemic** below).

Extinct – a plant or animal that is no longer in existence.

Extirpated – a plant or animal that no longer exists in a portion of its former geographic range.

Flora – this term concerns the plants present in a given region, the species composition, and generally referring to wild plants (native and introduced), as compared to those planted, for example, in gardens.

Geographic localities – for certain localities on Madagascar two parallel systems of geographical place names exist, one being associated with the former colonial system and the other the Malagasy name. We have used the Malagasy names throughout the book and at first usage the non-Malagasy names are presented in parentheses, for example Antananarivo (Tananarive).

Hectare – an area that is 10,000 square meters or 2.5 acres.

IUCN categories of protected areas – at the international level, the IUCN classifies protected areas into

Emergent (forêt) – strate forestière (ou arbre isolé) composée d'arbres, dont les cimes se dressent au-dessus de la canopée.

Endémique – relatif à un organisme dont la distribution est limitée à une zone géographique donnée. Par exemple, un animal connu seulement à Madagascar est dit endémique de l'île (voir **micro-endémique**, ci-dessous).

Eteint – relatif à une espèce, végétale ou animale, qui n'existe plus sur la planète.

Disparu – relatif à une espèce, végétale ou animale, qui n'est plus présente dans une partie de son aire de distribution originelle.

Durée de voyage – dans ce guide, les durées de voyage par route sont indiquées entre les aires protégées et diverses localités ; au jour de la rédaction de ce texte (début juin 2022), la route nationale 6, principal accès desservant le Nord de Madagascar, est en cours de réfection et les durées de voyage exprimées seront bientôt surestimées.

Flore – ensemble des plantes sauvages (indigènes et introduites) présentes dans une région donnée, à l'exclusion des espèces cultivées, par exemple, dans les jardins.

Hectare – unité de surface équivalente à 10 000 mètres carrés ou 2,5 acres (US).

Localités géographiques – pour certains lieux à Madagascar, deux appellations géographiques peuvent se rencontrer simultanément, l'une issue du système colonial historique (en français), l'autre basée sur les noms Malagasy. Les noms Malagasy sont utilisés tout au long du guide,

six categories, which correspond to various aspects (species, ecosystems, landscapes) and/or levels of protection (strict, open to tourism, regulated agricultural activities) and these categories are as follows for Madagascar: I) Strict Nature Reserve, II) National Park, III) Natural Monument, IV) Special Reserve, V) Protected Harmonious Landscape, and VI) Natural Resource Reserves.

IUCN Red List categories – the conservation statutes extracted from the IUCN Red List are mentioned herein for those falling in the "threatened" category include Critically Endangered (CR), Endangered (EN), and Vulnerable (VU).

Malagasy – throughout the book we use the term Malagasy in its noun and adjective forms (as compared to Madagascan) to refer to the people, the language, the culture, and other animate and inanimate objects from Madagascar. Malagasy words are presented in lowercase italics.

Malagasy Region – a zone of the western Indian Ocean including the islands of Madagascar and the archipelagos of the Comoros, the Mascarenes (Mauritius, La Réunion, and Rodriguez), and the Seychelles.

Microendemic – an **endemic** organism with a restricted geographical distribution. For example, an endemic animal only known from a limited area of Madagascar, is a microendemic to that zone.

Native – naturally occurring in an area, as compared to being introduced.

Phytogeographic zone or region – this constitutes an area of generally uniform climatic conditions, similar

mais, l'appellation non-Malagasy est mentionnée entre parenthèses à la première apparition d'un nom de lieu, par exemple Antananarivo (Tananarive).

Malagasy – dans ce guide, l'utilisation du terme Malagasy en tant que nom ou adjectif fait référence au peuple, à la langue, à la culture et autres objets, vivants ou non, matériels ou immatériels, originaires de Madagascar. Les mots en langue Malagasy sont écrits en italique.

Micro-endémique – relatif à un organisme dont la présence est limitée à une zone géographique restreinte. Par exemple, un animal connu seulement dans une zone limitée de Madagascar est dit micro-endémique à cette zone.

Nom scientifique – dans ce guide, le nom scientifique, largement standardisé, est généralement préféré pour désigner les plantes et les animaux (excepté les oiseaux et les lémuriens), car les noms vernaculaires, qui varient considérablement entre les sources, peuvent prêter à confusion. Dans les tableaux répertoriant les animaux terrestres d'un site, seul le nom scientifique a été indiqué afin d'optimiser l'espace et le format ; pour les visiteurs qui ne seraient pas familiers des noms scientifiques, il est recommandé d'emporter des guides de terrain afin de faire le lien entre le nom scientifique et le nom vernaculaire ; c'est particulièrement le cas pour les oiseaux et les lémuriens.

Non-décrite (espèce) – que ce soit pour les plantes ou les animaux, un nombre considérable de nouvelles espèces reste à décrire à Madagascar. Dans certains cas, ces soil types, and having a distinct type of vegetation and relatively homogenous flora. A number of distinct phytogeographic zones (domains or regions) are recognized for Madagascar.

Phytogeography – this is the field of ecology that deals with the geographical distribution of plants.

Pioneer species – are species that first colonize areas disturbed by activities such as the passage of a storm with strong winds or human perturbations.

Region – this term is used here in two different manners, 1) referring to a general geographical area or 2) in a manner denoting administrative regions (faritra in Malagasy), which includes 22 different units, and all of the three sites presented herein fall within the DIANA Region. DIANA is an acronym for **Di**égo-**A**mbilobe-**N**osy Be-**A**mbanja.

Scientific names – throughout this book when citing plants and animals (with the exception of birds and lemurs), we generally do not use vernacular names, which vary considerably between different reference sources and can be confusing, and prefer to use scientific names, which are largely standardized. In the table listing the known land animal species for each site we only present scientific names. We apologize for any inconvenience for visitors not familiar with scientific names, but this approach was in part for space and format reasons and we suggest that visitors carry field guides, particularly for birds and lemurs, to make the needed liaison between vernacular and scientific names.

organismes sont déjà reconnus par les spécialistes, mais restent encore à nommer formellement dans une publication scientifique. Dans les listes ci-après, diverses expressions sont utilisées pour les espèces dont le nom spécifique n'est pas encore défini : « sp. nov. » (= nouvelle espèce), « sp. » (espèce distincte dont la dénomination est encore incertaine), « sp. aff. » (morpho-espèce, espèce distincte qui présente des ressemblances avec une espèce nommée, par exemple *Uroplatus* sp. aff. *henkeli* Ca11).

Phytogéographie – domaine de recherche de l'écologie végétale qui porte sur l'étude de la répartition géographique des plantes.

Pionnière (espèce) – se dit des espèces qui recolonisent un site après une perturbation, telles que le passage de rafales cycloniques ou les activités humaines.

Région – ce terme est utilisé de deux manières différentes dans le guide : 1) en référence à une zone géographique usuelle ou 2) en référence à la délimitation territoriale administrative qui comprend 22 régions (*faritra* en Malagasy) ; les trois aires protégées présentées dans ce guide sont situées dans la région DIANA, un acronyme pour **Di**égo – **A**mbilobe - **N**osy Be - **A**mbanja.

Région Malagasy – zone de l'Ouest de l'océan Indien qui comprend l'île de Madagascar, ainsi que les archipels des Comores, des Mascareignes (Maurice, La Réunion et Rodrigues) et des Seychelles.

Région / Zone phytogéographique – zone ou région, présentant des conditions climatiques globalement uniformes et des substrats

Subfossil – a term used for the remains of a once living plant or animal in which the fossilization process is not complete, that is to say remaining largely bone.

Swidden agriculture (*tavy*) – this form of agriculture, also known as slash-and-burn or shifting cultivation, refers to a technique of rotational farming in which cleared forest areas are put into cultivation and then left to regenerate for several years.

Sympatric – term indicating that two distinct species occur simultaneously in the same place.

Tectonic – associated with the structure of the earth's crust and the large-scale processes, such as uplifting, which take place within it.

Topography – the study of land forms and surface features.

Travel time – in the text we present road travel times between different points and protected areas. As this book went to press, the Route nationale no. 6, the main road linking northern Madagascar, is in the process of being renovated and the cited travel times will soon be overestimates.

Undescribed species – for both plants and animals, a considerable number of species occurring on Madagascar remain to be described. In some cases, these unnamed organisms have been identified by scientists but still remain to be named in technical publications. In the tables herein, we use the following denotation for specific determinations that are not definitive: "sp. nov." (=new species), "sp." (a distinct species but the identification is uncertain), or undescribed morphospecies showing

relativement similaires, abritant ainsi un type de végétation distinct et une flore relativement homogène. Divers types de zones phytogéographiques (domaines ou régions) sont reconnus à Madagascar.

Subfossile – terme utilisé pour désigner les restes d'animaux et de plantes ayant existé, mais dont le processus de fossilisation n'est pas complet ; il s'agit principalement d'os.

Sympatrique – terme indiquant le fait que deux espèces distinctes sont présentes simultanément au même endroit.

Tectonique – relatif aux phénomènes de grande ampleur causés par la structure de la croûte terrestre, tel que le glissement ou le soulèvement des plaques.

Topographie – relatif aux formes et caractéristiques de la surface de la terre.

Végétation – ensemble des plantes qui poussent en un lieu donné et décrivant la structure et leur répartition selon leur nature.

similarities to a named form (e.g. *Uroplatus* sp. aff. henkeli Ca11).

Vegetation – this term is used for the plants present in an area, with special reference to structure, life forms, and spatial distribution.

LOKOBE

Noms : Parc National de Lokobe, nom abrégé : Lokobe (voir https://www. parcs-madagascar.com/parcs/lokobe. php pour plus de détails).

Catégorie UICN : II, Parc National.

Généralités : Cette aire protégée, gérée par Madagascar National Parks (MNP), est un trésor forestier sur une péninsule de l'île paradisiaque de Nosy Be ; cette île, très fréquentée par les touristes, est située à environ 30 km du port d'Ankify sur la côte de Madagascar au nord d'Ambanja (Figure 2). Lokobe a également une partie marine qui n'est pas exposée ici.

Cette aire protégée d'environ 860 hectares présente un relief accidenté de crêtes et de ravines avec une importante forêt dense humide de basse altitude, dont une partie s'étend jusqu'à la mer (Figure 3). La flore du parc appartient au Domaine du Sambirano du Nord-ouest de Madagascar et **Lokobe présente une des plus importantes reliques de ce type de végétation**. Sa faune vertébrée forestière typique compte 72 espèces d'amphibiens et de reptiles, 48 espèces d'oiseaux et un large éventail de mammifères, incluant 2 espèces de lémuriens **micro-endémiques** de Nosy Be (Tableau A). Ainsi, une visite dans ce site récompensera assurément les visiteurs passionnés par la nature et les paysages envoûtants.

Nosy Be présente un climat typique des basses altitudes du Nord de Madagascar, tropical et chaud avec des températures quotidiennes

LOKOBE

Names: Parc National de Lokobe, short name – Lokobe (see https:// www.parcs-madagascar.com/parcs/ lokobe.php for further details).

IUCN category: II, National Park.

General aspects: This site is under the management of Madagascar National Parks (MNP) and forms a jewel of a forest on an isolated peninsula of the frequently visited island paradise of Nosy Be, which is about 30 km (18 miles) from the port of Ankify on the Madagascar mainland and north of Ambanja (Figure 2). Lokobe also has a marine component, which is not discussed herein.

This protected area of about 860 hectares has a somewhat rugged landscape, comprised of ridges and ravines, and with an important expanse of lowland moist evergreen forest, a portion of which comes down to the sea (Figure 3). The flora of the park belongs to the Sambirano Domain of northwestern Madagascar, and **Lokobe is one of the largest remaining blocks of this habitat type**. With its distinct forest-dwelling vertebrate fauna, which includes 72 species of amphibians and reptiles, 48 species of birds, and a broad assortment of mammals, including two species of lemurs **microendemic** to Nosy Be (Table A), a visit to the site is certain to be rewarding for those interested in nature and enthralling landscapes.

Nosy Be has a typical climate of lowland northern Madagascar, being hot and tropical with average daily temperatures ranging between 20.2°C

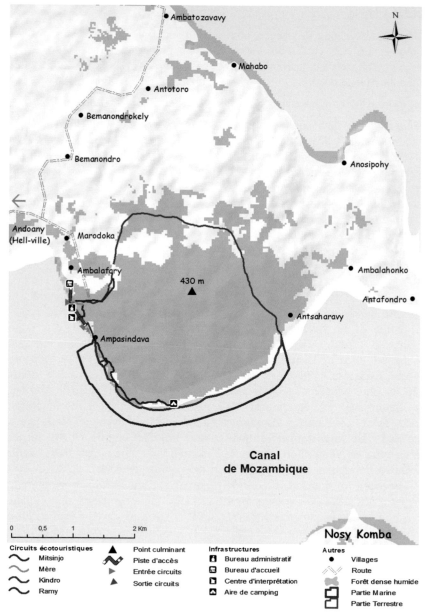

Figure 2. Carte de l'aire protégée de Lokobe sur l'île côtière de Nosy Be, des accès routiers, du réseau de sentiers et des différents types d'infrastructures et des villes et villages environnants mentionnés dans le texte. / **Figure 2.** Map of the Lokobe protected area on the nearshore island of Nosy Be, road access, the trail system and different types of infrastructure, and surrounding towns and villages mentioned in the text.

Figure 3. La forêt de Lokobe représente l'un des derniers vestiges de la forêt dense humide sempervirente du Domaine phytogéographique du Sambirano ; à certains endroits à Lokobe, la forêt naturelle descend jusqu'au niveau de la mer. (Photo par Sébastien Wohlhauser.) / **Figure 3.** The Lokobe Forest represents one of the last remnants of moist evergreen forest that is phytogeographically part of the Sambirano Domain; at certain places at Lokobe the forest descends to the sea. (Photo by Sébastien Wohlhauser.)

moyennes entre 20,2 °C et 29,2 °C. La saison chaude, de décembre à février, affiche des températures atteignant 32,7 °C, alors qu'elles peuvent descendre jusqu'à 15,7 °C durant la saison froide de juin à août. La pluviométrie annuelle est en moyenne de 2280 mm, dont 93 % entre novembre et avril. **La période idéale pour visiter ce site est entre novembre et janvier**, lorsque l'activité de la faune est à son maximum et que de nombreuses plantes sont en fleurs ou fruits. Lokobe est situé sur une roche-mère granitique, alors que le reste de Nosy Be est d'origine

and 29.2°C. The warm season is between December and February, with peak temperatures over 32.7°C, and the cold season is between June and August, with average temperatures dropping to as low as 15.7°C. Annual rainfall is about 2280 mm (90 inches), with 93% falling between November and April. The **ideal period for a visit to the site is between November and January**, when animal activity reaches its maximum and many plants are in flower or fruit. Lokobe sits on granite base rock and other portions of Nosy Be are volcanic in origin and with extensive lava flows. Except in

volcanique comme en témoigne d'importantes coulées de laves. A part à Lokobe, les sols sur cette île sont fortement altérés et présentent une concentration importante en fer qui leur donnent une coloration rouge distincte.

Aspects légaux : Basée sur un Décret de 1927 (création de la Réserve Naturelle Intégrale n°6) et complétée par le Décret n° 66-242 du 1 juin 1966, l'aire protégée est reclassée en Parc National et ses limites sont révisées par le Décret n° 2011-500. Le règlement intérieur de l'aire protégée est affiché dans le bureau d'accueil de l'entrée principale à Ambalafary et il est vivement recommandé de s'imprégner de ces éléments d'attention avant la visite.

Accès : Après la suspension du trafic aérien international vers l'île liée à la crise sanitaire du Covid-19, les vols internationaux directs vers Nosy Be ont réouverts en juin 2022 et il est attendu que ceux vers Antsiranana reprendront prochainement. Des vols nationaux directs entre Antananarivo et Nosy Be sont opérés régulièrement dans les deux sens. L'île de Nosy Be est également accessible en vedette rapide ou en ferry (pour véhicules) depuis le port d'Ankify (Figures 1 et 2). L'accès à Ankify se fait depuis le village d'Ambalavelona le long de la Route nationale (RN) 6 situé 7 km au nord d'Ambanja, puis 17 km jusqu'au port. Une fois à Nosy Be, l'aire protégée est accessible depuis Andoany (Hell-ville) par la route qui traverse Ambanoro et conduit à l'entrée sud-est du parc peu après le village d'Ambalafary-Marodoka (9 km) ; l'accès par l'entrée

Lokobe, soils on this island are highly weathered with concentrations of iron, giving rise to the distinct red coloration.

Legal aspects: Creation – based on Decree of 31 December 1927 (creation of the Réserve Naturelle Intégrale No. 6) and completed by Decree No. 66-242 of 1 June 1966. In 2011, the protected area had a change of status and boundaries, under Decree No. 2011-500 of 6 July 2011, and was reclassified as a National Park. The internal regulations to the protected area are posted at the Ambalafary reception office and it is strongly suggested that visitors familiarize themselves with these important points.

Access: After a period of little international air traffic to the island associated with the Covid-19 crisis, as of June 2022 direct flights to Nosy Be from international airports have reopened, and those to Antsiranana are anticipated to start in the near future. There are regular national flights to and from Nosy Be from Antananarivo. The island is also accessible by ferry (including car ferries) or rapid boat service from Ankify (Figures 1 and 2). Access to the Ankify port is from the village of Ambalavelona along the Route nationale (RN) 6 and 7 km (4.3 miles) north of Ambanja, and then an additional 17 km (10.6 miles) to the west to reach the port. Once on Nosy Be, the protected area can be reached from Andoany (Hell-ville) on the road passing towards Ambanoro, arriving to the southeastern park entrance near the village of Ambalafary-Marodoka (9 km or 5.6 miles) or via

nord-est depuis Ambatozavavy est moins pratique. Une manière plaisante d'atteindre Lokobe est à vélo, qui peut être loué à divers endroits à Nosy Be, ou en bateau privé organisé.

Infrastructures locales : Les infrastructures de gestion du Parc National de Lokobe incluent le bureau administratif principal à Ambalafary et un poste de garde dans la partie est. Pour les visiteurs souhaitant entrer dans le parc avant l'ouverture officielle à 8 h pour une visite matinale, lorsque les animaux diurnes sont les plus actifs, diverses solutions existent ; ils peuvent passer la nuit au site de camping dans l'aire protégée, dans les hôtels voisins situés entre Andoany et Ambalafary, ou dans les proches hôtels et ecolodges de la péninsule de Lokobe ou de l'île avoisinante Nosy Komba. Certains hôtels organisent les transferts des visiteurs par bateau jusqu'à l'entrée du parc.

Les infrastructures touristiques incluent un bureau d'accueil à Ambanoro avec un centre d'interprétation aménagé (ecoshop, toilettes). Les infrastructures d'hébergement dans le site comprennent un site de campement (six places de tente, coin-cuisine, abri-repas et toilettes). Le réseau de **trois circuits touristiques** de 7,5 km au total (Kindro 3 km, Mitsinjo 1,5 km, Ramy 3 km) permet d'admirer la richesse biologique du parc et est ponctué d'aires de picnic et de points de vue. Les modalités de visite (accès, circuits, difficulté, guidage) et de séjour (campement, provisions) sont à discuter avec les guides locaux et le personnel de MNP à l'entrée du site.

Ambatozavavy to the northeastern entrance point. Another pleasant manner to arrive at the protected area is by bike, which can be rented at different locations on Nosy Be, or by a privately organized boat.

Local infrastructure: Management infrastructure of the Parc National de Lokobe includes the main administrative office in Ambalafary. There is also a guard post in the eastern portion of the park. For visitors wishing to enter the park when it opens at 8 a.m. for morning visits, the period when most diurnal animals are active, several suggestions can be made. Either spend the night at the camping site in the protected area, in hotels in between Andoany and Ambalafary, in nearby hotels and ecolodges on Lokobe Peninsula, or the adjacent island of Nosy Komba. Some hotels can arrange boat transport for guests to and from the protected site entrance.

Tourist facilities within the protected area at Ambalafary consist of a reception office and an interpretation center (ecoshop and toilets). Site accommodation facilities include one camping site with six tent spaces, kitchenette, dining area, and toilets. The **three tourist trails** comprise a total length of 7.5 km (Kindro, 3 km [1.9 miles]; Mitsinjo, 1.5 km [0.9 miles]; and Ramy, 3 km [1.9 miles]) from which the biological richness of the park can be viewed and along these trails there are occasional rest/picnic areas and viewpoints. Different logistic aspects (access, circuits, and guiding) and spending the night (camping and supplies) should be discussed with

Aspects culturels : L'île de Nosy Be, dont l'occupation humaine remonte à près d'un millénaire, est un carrefour de plusieurs cultures et civilisations d'origine swahili-arabo-musulmane, malayo-polynésienne, africaine, comorienne, indienne et européenne. Son histoire humaine est intimement liée aux voies commerciales de l'océan Indien. Par exemple, juste à côté de l'entrée de l'aire protégée, le village de Marodoka possède une riche histoire témoignée par les vestiges de bâtiments et d'un site religieux datant du XVème siècle. Marodoka était un comptoir de stockage swahili-arabo-musulman qui entretenait des liens commerciaux avec les Comores, la Tanzanie et Zanzibar ; jusqu'à il y a moins de trente ans, on rencontrait encore des aînés du village qui parlaient en Kiswahili. L'étymologie du nom du village « Marodoka » témoigne des origines variées de ses habitants, « *maro* » en Malagasy signifiant « beaucoup » et « *doka* » en Kiswahili signifiant « épiceries ». Le mot « *dokany* » fait aujourd'hui partie intégrante du dialecte local des Malagasy et indique une épicerie bien achalandée.

Selon les traditions orales ou *lovan-tsofina* (littéralement « héritage des oreilles »), le roi Antakarana Kozobe fût contraint de céder son royaume suite à sa défaite contre le roi Sakalava Tsimandroho durant une guerre de conquête. En 1837, Tsimandroho installa deux canons sur sa forteresse sise à Antafondro pour symboliser sa victoire. La reine Tsiomeko qui régnait sur Nosy Be de 1836 à 1843, refusa d'accorder son allégeance à son oncle Tsimandroho et signa un accord de

local guides and MNP staff at the site entrance.

Cultural aspects: The island of Nosy Be has been occupied by humans for something approaching a millennium, and forms a crossroads for different cultures and civilizations, which include Swahili-Arab-Islamic, Malay-Polynesian, African, Comorian, Indian, and European. Its human history is closely linked to western Indian Ocean trade networks. For example, the village of Marodoka, in close proximity to the protected area entrance, has a rich history and the remains of buildings, including religious sites, dating from the 15th century are still present. Marodoka was a Swahili-Indian-Islamic trading entrepôt, with links to the Comoros, Tanzania, and Zanzibar, and until about 30 years ago, local villager elders could still be found that spoke Kiswahili. The etymology of the village name "Marodoka" indicates the mixed origins of its people and history, with "maro" meaning in Malagasy "many" and "doka" coming from the Kiswahili and meaning "shops". The word "dokany" or "doka" is now incorporated into the local dialect of Malagasy and indicates a shop selling an assortment of items.

According to oral tradition or *lovan-tsofina* (literally meaning the inheritance of the ears), two ethnic groups (Sakalava and Antakarana) entered into a war to extend their domain of power and King Kozobe was subsequently obliged to cede the kingdom after his defeat by Tsimandroho, a Sakalava king. In 1837, Tsimandroho symbolized his victory by erecting two cannons at

protectorat auprès de l'amiral Anne Chrétien Louis de Hell, gouverneur de l'île Bourbon (qui deviendra plus tard l'île de La Réunion) ; son règne fût basé à La Pointe (aujourd'hui village d'Andoany, ou Hell-ville en référence à l'amiral). Tsiomeko donna naissance à Andriamaitso, qui, à sa mort, fût enterré à Andranotsinomigny, dans la partie sud-ouest du Parc National de Lokobe, ce qui explique pourquoi la forêt de Lokobe était sacrée et protégée avant de devenir une aire protégée. L'aire protégée compte plusieurs sites sacrés (*doany* en Malagasy) où sont pratiqués divers rites (*joro* en Malagasy), serments ou offrandes, ainsi que le rituel du bain de purification (*fisehagna* en Malagasy) à la nouvelle lune.

Flore & végétation : La végétation de Lokobe est étonnamment peu documentée et ce principalement par des études sur le régime alimentaire des lémuriens du site. La forêt de Lokobe représente un des derniers vestiges de forêt dense sempervirente de basse altitude du Domaine phytogéographique du Sambirano (Figure 3). Cette forêt naturelle s'étale sur un relief tourmenté, avec des crêtes et ravines parsemées de rochers. La canopée atteint 30 m avec des émergents à 35 m comme *Canarium* (Burseraceae, Figure 4) et *Parkia madagascariensis* (Fabaceae, *fanamponga* en Malagasy) (Figure 5). *Canarium* (*ramy* en Malagasy) est l'essence la plus fréquente et représente près de 30 % de la biomasse forestière, dont *Canarium compressum*, une espèce nouvelle

Antafondro, which was his stronghold. Queen Tsiomeko reigned over Nosy Be from 1836 to 1843 who, after having refused to grant her sovereignty to her guardian uncle Tsimandroho, signed a protectorate agreement with Admiral Anne Chrétien Louis de Hell, Governor of Ile Bourbon (which would become La Réunion), and her reign was based in La Pointe (today's Andoany or Hell-ville, named after the French admiral). Tsiomeko gave birth to Andriamaitso. After Andriamaitso's death, he was buried at Andranotsinomigny, in the southwestern part of Parc National de Lokobe, which is why the Lokobe Forest is sacred and protected even before becoming a National Park. Several sacred areas occur in the protected area associated with sites (*doany* in Malagasy) where people present vows or offerings (*joro* in Malagasy), as well as the ritual of purification baths (*fisehagna* in Malagasy) during the period of a new moon.

Flora & vegetation: The vegetation of Lokobe is relatively poorly documented and most botanical work has been associated with research on the diet of locally occurring lemurs. The Lokobe Forest represents one of the last remnants of lowland moist evergreen forest in the Sambirano Domain (Figure 3). The natural forest vegetation is found on a series of ridges and ravines, often with scattered boulders. The forest canopy reaches 30 m (98 feet), with emergent trees of up to 35 m (115 feet) dominated by *Canarium* (Burseraceae, *ramy* in Malagasy), which in some areas of the forest represents about 30% of the standing

Figure 4. L'un des arbres dominants de la Forêt de Lokobe appartient au genre *Canarium* (Burseraceae), facile à reconnaître grâce à son tronc avec de longs contreforts. (Photo par Andonahary Jacquis Tahinarivony.) / **Figure 4.** One of the dominant trees in the Lokobe Forest is of the genus *Canarium* (Burseraceae), which is easy to recognize with its long buttressed roots. (Photo by Andonahary Jacquis Tahinarivony.)

pour la science décrite récemment en 2015.

L'aire protégée compte quatre espèces de palmiers (Arecaceae), dont le majestueux *Dypsis ampasindavae* endémique de la Région du Sambirano et classé comme En danger critique d'extinction par l'UICN. Les strates moyennes et inférieures sont occupées par des épiphytes, comme la fougère nid d'oiseau *Asplenium nidus* (Aspleniaceae), quelques orchidées, ainsi que des lianes ; la strate arbustive basse est assez dense. La forêt présente un zonage altitudinal avec *Canarium* dans les bas-fonds, alors que l'arbre à racines-

tree biomass and one of the common occurring species (Figure 4), including *Canarium compressum*, which was only described as new to science in 2015, and *Parkia madagascariensis* (Fabaceae, *fanamponga* in Malagasy) (Figure 5).

The protected area contains four species of palms (Arecaceae), including the majestic *Dypsis ampasindavae*, which is endemic to the Sambirano Region and considered by the IUCN as Critically Endangered. The mid and lower layers of the Lokobe Forest have epiphytes such as the bird's-nest fern *Asplenium nidus* (Aspleniaceae), some orchids,

Figure 5. Une espèce d'arbre commune dans l'aire protégée de Lokobe est *Parkia madagascariensis* (Fabaceae) et avec des gousses typiques de légumineuses. (Photo par Richard Andrianaivo.) / **Figure 5.** One common tree species in the Lokobe protected area is *Parkia madagascariensis* (Fabaceae) and with distinct legume seed pods. (Photo by Richard Randrianaivo.)

échasses *Uapaca ambanjensis* (Phyllanthaceae), l'ébène *Diospyros clusiifolia* (Ebenaceae) et d'autres essences affectionnent les crêtes. Sur la frange littorale, on trouve des espèces côtières classiques comme le badamier *Terminalia catappa* (Combretaceae), le chapeau d'évêque *Barringtonia asiatica* (Lecythidaceae) et *Heritiera littoralis* (Malvaceae) ; il existe quelques parcelles de mangroves côtières sur le littoral du parc.

and vines. The lower shrub layer of the forest is relatively dense. The forest structure has been divided into different zones based on altitude, with *Canarium* in the bottomlands and a hardwood ebony *Diospyros clusiifolia* (Ebenaceae), the stilt-rooted *Uapaca ambanjensis* (Phyllanthaceae), and other species of trees on ridges. In close proximity to the sea, there are also typical coastal species such as *Terminalia catappa* (Combretaceae), *Barringtonia asiatica* (Lecythidaceae),

Le couvert forestier de Lokobe est quasi-intact, excepté quelques forêts secondaires au Nord-ouest et au Sud, résultant de l'agriculture itinérante sur brûlis (*tavy* en Malagasy) et des dommages occasionnés par les cyclones. Ces zones sont en bonne voie de régénération avec encore quelques bambous et essences pionnières. La présence de manguiers dans la forêt témoigne d'implantation humaine historique récente.

Sur la base d'une étude réalisée en 2018, la flore de l'aire protégée compte 363 espèces de plantes, dont 342 (94 %) sont indigènes et 221

and *Heritiera littoralis* (Malvaceae). Along the park's sea coast are some small areas of mangrove.

The Lokobe Forest is largely intact, except for a few secondary zones in the northwest and south, the result of previous swidden agriculture (*tavy* in Malagasy) and occasional damage from passing cyclones. These areas are at different stages of regeneration, and often with bamboo patches and other pioneer species. The presence of introduced mango trees in certain zones of largely natural forest indicate a relatively recent history of local human presence, which may have been local settlements and agricultural areas.

From the floristic side, based on a summary from 2018, the protected area is known to have 363 species of plants, 342 (94%) of which are native, and of these 221 species (65%) are endemic to Madagascar. **Eleven plant species are only known to occur in**

Figure 6. *Vanilla madagascariensis* (Orchidaceae) dans son habitat naturel est une espèce endémique et présente dans de nombreux sites à Madagascar, dont Lokobe ; cette espèce est différente de la vanille, l'orchidée (et oui !) originaire du Mexique et introduite à Madagascar, qui produit les fameuses gousses parfumées qui font la renommée de la Grande île. (Photo par Fidy Ratovoson.) / **Figure 6.** *Vanilla madagascariensis* (Orchidaceae, yes it is an orchid!) in its natural habitat and present in many other sites across Madagascar, including Lokobe. This is not the same species of *Vanilla* that produces the famous gourmet beans, which Madagascar is famous for but was introduced to the island from the New World. (Photo by Fidy Ratovoson.)

Figure 7. *Physena madagascariensis* est un représentant de la famille des Physenaceae, l'une des quatre familles de plantes endémiques de Madagascar. (Photo par George E. Schatz.) / **Figure 7.** *Physena madagascariensis* a representative of the family Physenaceae, one of four plant families endemic to Madagascar. (Photo by George E. Schatz.)

(65 %) endémiques à Madagascar. **Onze espèces de plantes ne sont connues qu'à Lokobe**, dont *Dypsis nossibensis*, *Eugenia nosibensis* (Myrtaceae) et *Peperomia loucoubeana* (Piperaceae). Au total, 21 espèces ne sont connues qu'à Lokobe et quatre autres sites (au plus) à Madagascar, principalement des sites forestiers du nord de l'île. Le flamboyant *Delonix regia* (Fabaceae) et la vanille sauvage *Vanilla madagascariensis* (Orchidaceae) (Figure 6) sont présents à Lokobe. L'une des familles endémiques de Madagascar est présente à Lokobe : les Physenaceae, représentées par *Physena madagascariensis*, une espèce commune répandue au Nord et à l'Est de Madagascar et connue dans au moins 30 aires protégées (Figure 7).

Faune : L'aire protégée abrite une richesse spécifique impressionnante en vertébrés (Tableau A), dont la plupart de ces animaux sont endémiques à Madagascar. Cette diversité comprend certains vertébrés micro-endémiques, dont des amphibiens, tels que *Rhombophryne testudo* (Figure 8), *Stumpffia psologlossa* et *Stumpffia pygmaea*, des reptiles, comme *Trachylepis lavarambo*, et deux lémuriens nocturnes, *Microcebus mamiratra* (Microcèbe de Nosy Be) et *Lepilemur tymerlachsoni* (Lépilémur de Nosy Be). On y trouve également des oiseaux forestiers, dont *Leptosomus discolor* (Courol) de la famille des Leptosomidae endémique de la Région Malagasy ; son chant plaintif et répétitif est souvent entendu la journée lorsqu'il survole la canopée

Lokobe, such as *Dypsis nossibensis*, *Eugenia nosibensis* (Myrtaceae), and *Peperomia loucoubeana* (Piperaceae). In total, 21 species are known from Lokobe and no more than four other localities on Madagascar, in most cases from forested zones in the northern portion of the island. The flame tree *Delonix regia* (Fabaceae), and a wild vanilla *Vanilla madagascariensis* (Orchidaceae) (Figure 6) occur at Lokobe. One of the four plant families endemic to Madagascar is present in the protected area: Physenaceae, represented by *Physena madagascariensis*, a

Figure 8. Une espèce de grenouille que l'on ne trouve que sur Nosy Be et l'île voisine de Nosy Komba est l'étrange *Rhombophryne testudo* (Microhylidae). Etant donné que sa distribution est limitée à une zone restreinte, elle est qualifiée d'espèce micro-endémique, ce qui constitue une preuve supplémentaire de l'importance de la conservation de la forêt de Lokobe. (Photo par Christopher J. Raxworthy.) / **Figure 8.** One frog species that is only found on Nosy Be and the nearby satellite island of Nosy Komba is *Rhombophryne testudo* (Microhylidae). Given that this bizarre looking frog's distribution is limited to a small area, it is referred to as a microendemic species, providing further evidence of the importance of conserving the Lokobe Forest. (Photo by Christopher J. Raxworthy.)

Figure 9. *Leptosomus discolor* (Courol) est un voilier magistral et ses acrobaties aériennes associées à des appels perçants sont immédiatement perceptibles. (Photo par Ken Behrens.) / **Figure 9.** *Leptosomus discolor* (Madagascar Cuckoo-roller) is a masterful flier and its aerial acrobatics associated with piercing calls are immediately noticeable. (Photo by Ken Behrens.)

de la forêt (Figure 9). Le seul lémurien diurne connu dans cette aire protégée est le magnifique *Eulemur macaco* (Lémur macaco) qui peut être facilement observé et photographié par les visiteurs (Figure 10).

Enjeux de conservation : Les écosystèmes forestiers restants du Parc National de Lokobe subissent peu de pressions humaines et ni l'exploitation de diverses ressources, ni l'agriculture sur brûlis (*tavy*), ni les feux n'ont été constatés ces dernières années. Il n'y a pas d'aménagements de conservation (pare-feux, restauration écologique), ni de facilités de recherche spécifiques à Lokobe. C'est l'endroit rêvé pour observer et apprécier la diversité floristique et

common, widespread species in the north and east of Madagascar, present in at least 30 protected areas (Figure 7).

Fauna: The protected area has an impressive level of vertebrate species richness (Table A), with the vast majority of these animals being endemic to Madagascar. This diversity includes a number of microendemic vertebrates, such as amphibians, *Rhombophryne testudo* (Figure 8), *Stumpffia psologlossa*, and *Stumpffia pygmaea*; a reptile, *Trachylepis lavarambo*; and two nocturnal lemurs, *Microcebus mamiratra* (Nosy Be Mouse Lemur) and *Lepilemur tymerlachsoni* (Nosy Be Sportive Lemur). Locally occurring forest birds

Figure 10. L'une des espèces de lémuriens emblématiques trouvées à Lokobe et dans d'autres forêts du Nord-ouest de Madagascar est *Eulemur macaco* (Lémur Macaco). C'est la seule espèce de lémurien diurne sur Nosy Be et présentant des différences de pelage distinctes entre le mâle noir et la femelle brunâtre. (Photo par Harald Schütz.) / **Figure 10.** One of the iconic lemur species found at Lokobe and other forests in northwestern Madagascar is *Eulemur macaco* (Black Lemur). This is the only diurnal species of lemur on Nosy Be and showing distinct pelage differences between the black male and brownish female. (Photo by Harald Schütz.)

faunistique des derniers vestiges de forêt dense humide de basse altitude du Domaine du Sambirano. Les programmes conduits par Madagascar National Parks en collaboration avec les guides locaux et les communautés environnantes participent à la conservation de ce joyau.

include species such as *Leptosomus discolor* (Madagascar Cuckoo-roller) of the family Leptosomidae and endemic to the Malagasy Region; its repetitive plaintive calls can be heard during the day as it flies above the forest canopy (Figure 9). The only diurnal lemur known from the protected area is the *Eulemur macaco* (Black Lemur) and this magnificent beast (Figure 10) can be easily found and photographed by visitors.

Conservation challenges: The Parc National de Lokobe has few current human pressures on the remaining forest ecosystems, and aspects such as exploitation of different resources, swidden (*tavy*) agricultural, or problems with fire are in recent years largely unknown within the protected area. There is no specific research or conservation infrastructure (fire barriers or restoration ecology) at the site. It is a place where one can see and experience the floristic and faunistic richness of one of the last remaining lowland moist evergreen forests in the Sambirano Domain. The local programs of Madagascar National Parks in collaboration with local guides and people living around the site are helping with its conservation.

There is some evidence of local climatic change, an aspect affecting Madagascar as a whole, and between 1985 and 2014, precipitation on Nosy Be during the rainy season increased by about 0.9% annually, or around 387 mm. At the end of this 30-year period, the rainy season tended to start and end 10 days earlier. From 1985 to 2014, the average minimum and maximum daily temperatures increased by 1.1°C

L'impact du changement climatique, un problème qui affecte l'ensemble de Madagascar, s'exprime localement à Nosy Be par une augmentation des précipitations de 387 mm entre 1985 et 2014, soit environ 0,9 % par année ; parallèlement, le début et la fin de la saison des pluies ont été avancés de 10 jours au cours de ces trois décennies. Les températures moyennes minimale et maximale ont augmenté respectivement de 1,1 °C et 3,2 °C durant cette même période. L'impact, à moyen et à long terme, des changements climatiques sur les habitats et la biodiversité de l'aire protégée est encore incertain.

and 3.2°C, respectively. It is unclear what impact these climatic changes will have in the medium and long term on the protected area's biota.

Avec les contributions de / With contributions from: L. D. Andriamahefarivo, Z. G. Bakarizafy, C. Birkinshaw, Frontier Madagascar, F. Glaw, S. M. Goodman, E. E. Louis Jr., P. P. Lowry II, Madagascar National Parks, P. B. Phillipson, M. J. Raherilalao, E. Rakotonandrasana, A. P. Raselimanana, C. J. Raxworthy, A. B. Rylands, M. Vences, et / and S. Wohlhauser.

Tableau A. Liste des vertébrés terrestres connus de Lokobe. Pour chaque espèce, le système de codification suivant a été adopté : un astérisque (*) *avant* le nom de l'espèce désigne un endémique malgache ; les noms scientifiques en **gras** désignent les espèces strictement endémiques à l'aire protégée ; les noms scientifiques soulignés désignent des espèces uniques ou relativement uniques au site ; un plus (+) *avant* un nom d'espèce indique les taxons rentrant dans la catégorie Vulnérable ou plus de l'UICN ; un [1] *après* un nom d'espèce indique les taxons introduits ; et les noms scientifiques entre parenthèses nécessitent une documentation supplémentaire. Pour certaines espèces de grenouilles, les noms des sous-genres sont entre parenthèses. / **Table A.** List of the known terrestrial vertebrates of Lokobe. For each species entry the following coding system was used: an asterisk (*) *before* the species name designates a Malagasy endemic; scientific names in **bold** are those that are strictly endemic to the protected area; underlined scientific names are unique or relatively unique to the site; a plus (+) *before* a species name indicate taxa with an IUCN statute of at least Vulnerable or higher; [1] *after* a species name indicates it is introduced to the island; and scientific names in parentheses require further documentation. For certain species of frogs the subgenera names are presented in parentheses.

Amphibiens / amphibians, n = 18

*Heterixalus tricolor
*+Boophis (Boophis) brachychir
*+Boophis (Boophis) jaegeri
*Boophis (Sahona) tephraeomystax
*Blommersia wittei
*Gephyromantis (Duboimantis) granulatus
*+Gephyromantis (Laurentomantis) horridus
*Gephyromantis (Phylacomantis) pseudoasper

*Mantella ebenaui
*Mantidactylus (Brygoomantis) ulcerosus
Ptychadena mascareniensis
*+Cophyla occultans
*Cophyla phyllodactyla
*+Platypelis milloti
*+**Rhombophryne testudo**
*+**Stumpffia psologlossa**
*+**Stumpffia pygmaea**
Hoplobatrachus tigerinus[1]

Reptiles / reptiles, n = 54

*+Brookesia ebenaui
*+Brookesia minima
*Brookesia stumpffi
*Calumma boettgeri
*Calumma nasutum
*Furcifer pardalis
*Furcifer petteri
*Ebenavia inunguis
*(Geckolepis maculata)
Hemidactylus frenatus
Hemidactylus platycephalus
*Lygodactylus heterurus
*+Lygodactylus madagascariensis
*Paroedura oviceps
*Paroedura stumpffi
*Phelsuma abbotti
*Phelsuma dubia
*Phelsuma grandis
*Phelsuma laticauda
*(Phelsuma quadriocellata)
*+Phelsuma seippi
*+Uroplatus ebenaui
*+Uroplatus henkeli
*+Zonosaurus boettgeri
Zonosaurus madagascariensis
*Zonosaurus rufipes
*+Zonosaurus subunicolor

Cryptoblepharus boutonii
*Flexiseps elongatus
*Madascincus stumpffi
*Paracontias hildebrandti
*Trachylepis gravenhorstii
*+**Trachylepis lavarambo**
*Acrantophis madagascariensis
*Sanzinia volontany
*Alluaudina bellyi
*Dromicodryas bernieri
*Dromicodryas quadrilineatus
*Ithycyphus miniatus
*Langaha madagascariensis
*Leioheterodon madagascariensis
*Liophidium torquatum
*Lycodryas granuliceps
*Madagascarophis colubrinus
Pararhadinaea melanogaster
*Pseudoxyrhopus microps
*Pseudoxyrhopus quinquelineatus
*+Thamnosophis stumpffi
*Mimophis occultus
Micropisthodon ochraceus
Indotyphlops braminus
Madatyphlops madagascariensis
*Madatyphlops mucronatus
Madatyphlops reuteri

Oiseaux / birds, n = 48

Anhinga melanogaster
*+*Ardea humbloti*
Ardeola ralloides
Butorides striata
Bubulcus ibis
Egretta garzetta
Accipiter francesiae
*Buteo brachypterus
*+*Haliaeetus vociferoides*
Milvus aegyptius
Falco newtoni
Numenius phaeopus
*Alectroenas madagascariensis
Nesoenas picturata
Treron australis
Centropus toulou
*Cuculus rochii
Tyto alba
*Asio madagascariensis
*Otus rutilus
Caprimulgus madagascariensis
Apus balstoni
Cypsiurus parvus
Corythornis vintsioides

*Corythornis madagascariensis
Merops superciliosus
Eurystomus glaucurus
Leptosomus discolor
*Upupa marginata
Phedina borbonica
Hypsipetes madagascariensis
*Copsychus albospecularis
Terpsiphone mutata
Cisticola cherina
Nesillas typica
*Bernieria madagascariensis
Cinnyris notatus
Cinnyris sovimanga
Zosterops maderaspatana
*Newtonia brunneicauda
*Leptopterus chabert
*Vanga curvirostris
Dicrurus forficatus
Corvus albus
Acridotheres tristis[1]
*Foudia madagascariensis
*Ploceus nelicourvi
*Lepidopygia nana

Tenrecidae - tenrecidés / tenrecs, n = 1

*Setifer setosus

Soricidae - musaraignes / shrews, n = 1

Suncus murinus[1]

Nesomyidae - rongeurs / rodents

Aucune information disponible / no information available

Muridae - rongeurs / rodents, n = 1

Rattus rattus[1]

Chauves-souris / bats, n = 8

*+*Pteropus rufus*
*Rousettus madagascariensis
*Macronycteris commersoni
*Paremballonura tiavato

Chaerephon leucogaster
Mops leucostigma
*Myotis goudoti
Miniopterus sp.

Eupleridae - carnivore / carnivoran

Aucune information disponible / no information available

Viverridae - carnivore / carnivoran, n = 1

Viverricula indica[1]

Lémuriens / lemurs, n = 3

*+***Microcebus mamiratra***
*+***Lepilemur tymerlachsoni***

*+*Eulemur macaco*

ANKARANA

Noms : Réserve Spéciale d'Ankarana, nom abrégé : Ankarana (voir https://www.parcs-madagascar.com/parcs/ankarana.php pour plus de détails).

Catégorie UICN : IV, Réserve Spéciale.

Généralités : Gérée par Madagascar National Parks (MNP), cette aire protégée de 18 225 hectares est la cinquième la plus visitée par les touristes dans le pays ; elle abrite **l'un des paysages les plus insolites et éblouissants de Madagascar**. On y trouve notamment les splendides formations calcaires arborant des pics acérés par l'érosion et connues sous le nom de *tsingy* en Malagasy (Figure 12), ainsi que les formes sculptées par le travail de l'eau et du temps qui génère ce magnifique paysage entrecoupé de profonds canyons, percé d'une multitude de grottes et traversé par un réseau de rivières souterraines (Figure 13).

La roche qui constitue ce qui deviendra plus tard le massif d'Ankarana est du calcaire issu de l'accumulation progressive au cours du Jurassique moyen (environ 174 à 163 millions d'années) de carbonate de Calcium d'origine animale provenant principalement des écosystèmes récifaux. Ensuite, durant le Tertiaire supérieur (il y a environ 15 millions d'années), ce gigantesque bloc de calcaire s'est vu repoussé jusqu'à la surface par l'action tectonique terrestre. Finalement, le calcaire a été sculpté par l'action de l'eau pour façonner **ce paysage fortement érodé, avec un nombre phénoménal de grottes**, divers types

ANKARANA

Names: Réserve Spéciale d'Ankarana, short name – Ankarana (see https://www.parcs-madagascar.com/parcs/ankarana.php for further details).

IUCN category: IV, Special Reserve.

General aspects: This protected area located north of Ambilobe (Figure 11) and of 18,225 hectares, is the fifth most visited on the island by tourists and under the management of Madagascar National Parks (MNP); it forms **one of the most unusual and beautiful sceneries of Madagascar**. Most notably are its exquisite limestone formations, including a form of eroded and pointed karst pinnacle, known as *tsingy* in Malagasy (Figure 12), as well as the long-term natural sculpting forces of water, giving rise to a landscape with deep canyons, a multitude of caves, and subterranean river systems (Figure 13).

The rock of what would subsequently become the Ankarana Massif is composed of limestone formed at the bottom of the ocean during the middle Jurassic (about 174 to 163 million years ago) from the gradual accumulation of calcium carbonate of animal origin, mostly associated with coral reef ecosystems. Then through tectonic action of the earth during the Upper Tertiary (some 15 million years ago), this massive limestone block was uplifted to the surface. Subsequently, the limestone has been carved from water action, giving rise to a **heavily eroded landscape, with a remarkable number of caves**, different types of bedrock fractures, and sinkholes. The longest cave at

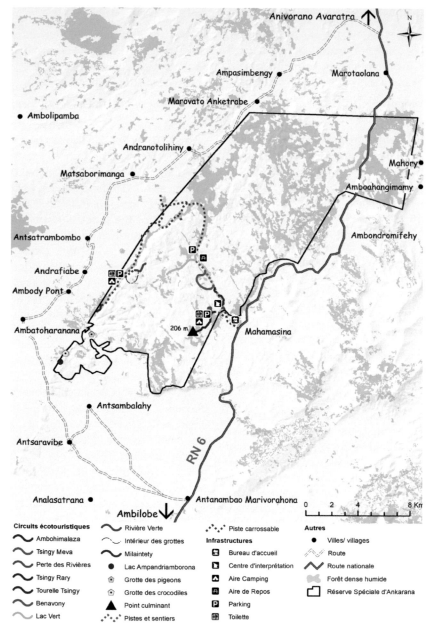

Figure 11. Carte de l'aire protégée d'Ankarana, des accès routiers, du réseau de sentiers et des différents types d'infrastructures et des villes et villages environnants mentionnés dans le texte. / **Figure 11.** Map of the Ankarana protected area, road access, the trail system and different types of infrastructure, and surrounding towns and villages mentioned in the text.

d'affleurements et de fractures et de gouffres. La plus longue grotte, à l'ouest du site, est celle d'Andrafiabe qui mesure plus de 11 km de galeries et qui en fait la plus longue de la Région Africano-malagasy. La grotte d'Andrafiabe dispose de salles presque aussi vastes qu'un terrain de foot et dont les plafonds sont à plus de 10 m de hauteur. Le sous-sol d'Ankarana laissera un souvenir gravé dans la mémoire des visiteurs.

La végétation naturelle est variée et on y trouve aussi de la forêt humide semi-décidue, ainsi que de la forêt humide décidue sur basalte sur les anciennes coulées de lave provenant du proche massif volcanique de la Montagne d'Ambre (voir site suivant et Figure 14). Dans les zones avec des sols filtrants et l'action aggravante du soleil et du vent, on trouve de la forêt dense sèche et au sommet des formations de *tsingy*, la végétation montre des adaptations extrêmes à la sécheresse (Figure 12).

Sa faune vertébrée forestière typique compte 68 espèces d'amphibiens et de reptiles, 113 espèces d'oiseaux et un large éventail de mammifères, incluant 17 espèces de chauve-souris et 10 espèces de lémuriens (Tableau B). Ainsi, une visite dans ce site pour apprécier ses paysages extraordinaires, explorer ses grottes et observer son **unique et riche faune et flore** sera un enchantement. Pour les visiteurs qui campent sur le site, une attention particulière devra être portée aux scorpions qui s'introduisent dans les vêtements, chaussures et autres objets laissés à l'extérieur durant la nuit ; durant la saison des pluies, ils sont particulièrement communs la nuit sur les sites de campement.

the site is that of Andrafiabe on the west side, with over 11 km (6.8 miles) of underground passages, making it one of the longest in the African-Malagasy region. Andrafiabe Cave has underground rooms approaching the size of football fields and ceiling heights reaching more than 10 m (33 feet). Ankarana's underground world will vividly remain in the memory of visitors.

The local natural vegetation is diverse and a portion has humid semi-deciduous forest and humid deciduous forest on basaltic substrates, the result of lava flows from the nearby volcanic massif of Montagne d'Ambre (see next site account and Figure 14). In areas with little groundwater and exposed to the parching elements of the sun and wind, dry deciduous forest is found, and, on top of the *tsingy* formation, the vegetation shows rather extreme adaptations to these desiccating factors (Figure 12).

With its distinct forest-dwelling vertebrate fauna, which includes 68 species of amphibians and reptiles, 113 species of birds, and a broad assortment of mammals, including 17 species of bats and 10 species of lemurs (Table B), a visit to the site to see the extraordinary landscapes, explore caves, and view the **rich and unique flora and fauna** will be enthralling. For people camping within the protected area, they need to pay particular attention to scorpions getting into clothing, shoes, and other materials left in the open during the night; during the rainy season, scorpions can be common at night in the campgrounds.

Figure 12. La végétation naturelle d'Ankarana est composée de plusieurs types, y compris celle adaptée aux conditions édaphiques les plus extrêmes sur les pics de calcaires cristallins (*tsingy* en Malagasy). (Photo par Steven M. Goodman.) / **Figure 12.** The natural vegetation of Ankarana is composed of several different types, including that adapted to karstic limestone (*tsingy* in Malagasy), which grows in the most extreme edaphic conditions. (Photo by Steven M. Goodman.)

Figure 13. La Perte des rivières (l'un des gouffres) à Ankarana est une sorte d'amphithéâtre romain naturellement sculpté, qui pendant la saison de pluies reçoit les eaux de ruissellement de plusieurs directions et disparaît ensuite dans un système fluvial souterrain. (Photo par Olivier Langrand.) / **Figure 13.** The Perte des rivières (a form of sinkhole) in Ankarana, is a naturally sculpted sort of Roman amphitheater that during the rainy season gathers draining water from several directions and then disappears into the underground river system. (Photo by Olivier Langrand.)

Figure 14. Le massif d'Ankarana est composé de calcaire marin datant du Jurassique moyen formé au fond de l'océan à partir de l'accumulation progressive de carbonate de calcium d'origine animale, majoritairement associé aux écosystèmes de récifs coralliens. Grâce à l'action tectonique de la Terre, ce gigantesque bloc de calcaire qui forme le massif aujourd'hui a été soulevé, puis altéré jusqu'à sa forme actuelle. Le massif volcanique voisin de la Montagne d'Ambre est entré en éruption à de nombreuses reprises au cours des derniers millions d'années et la lave s'est écoulée sur près de 30 km vers la partie nord d'Ankarana. La roche grise-claire sur cette image correspond au calcaire sculpté composant le massif d'Ankarana et la roche brune plus foncée provient de restes d'une coulée de lave qui est entrée dans la vallée menant à la Grotte des Chauves-souris. (Photo par Steven M. Goodman.) / **Figure 14.** The Ankarana Massif is composed of marine limestone dating from the middle Jurassic formed at the bottom of the ocean from the gradual accumulation of calcium carbonate of animal origin, mostly associated with coral reef ecosystems. Through the earth's tectonic action, the massive block of limestone that forms the massif today, was uplifted and subsequently weathered to its current form. The nearby volcanic massif of Montagne d'Ambre erupted on numerous occasions over the past few millions of years and lava flowed close to 30 km to the northern portion of Ankarana. The light gray rock in this image is the sculpted limestone making up the Ankarana Massif and the darker brown rock is what remains of a lava flow that entered in the valley leading to the Grotte des Chauves-souris. (Photo by Steven M. Goodman.)

Divers circuits bien conçus ont été développés pour les visiteurs afin de vivre une expérience unique et découvrir le site et sa géologie si particulière grâce à des **ponts suspendus** aménagés pour offrir des vues à couper le souffle (voir plus bas le paragraphe Infrastructures locales).

Ankarana est dominé par le climat sec des basses altitudes du Nord de Madagascar, tropical et chaud avec des températures quotidiennes moyennes entre 21,1 °C et 30,9 °C. La saison chaude, de septembre à février, affiche des températures atteignant 33,9 °C, alors qu'elles peuvent descendre jusqu'à 17,5 °C durant la saison froide de juin à août. La pluviométrie annuelle est en moyenne de 1640 mm, dont 91 % entre novembre et avril.

Aspects légaux : Basée sur le Décret n° 56-208 du 20 février 1956 (création de la Réserve Spéciale d'Ankarana). Le règlement intérieur de l'aire protégée est affiché dans le bureau d'accueil de l'entrée principale à Mahamasina et il vivement recommandé de s'imprégner de ces éléments d'attention avant la visite. Les traditions culturelles sont particulièrement importantes sur ce site et doivent être respectées dans leurs moindres détails.

Accès : L'entrée principale d'Ankarana, et sa partie orientale, est à Mahamasina situé sur la RN6 à 29 km au nord d'Ambilobe et 108 km au sud d'Antsiranana. L'accès vers la partie ouest de la réserve nécessite un véhicule 4x4 et peut être particulièrement difficile durant la saison des pluies ; il est préférable d'accéder à cette route depuis Isesy (près d'Antanambao Marivorahona),

The different tourist circuits have been thoughtfully put in place for visitors to see and experience the uniqueness of the site, comprising the local geology, and include the erection of **suspended bridges** with breathtaking views (see below under Local Infrastructure).

Ankarana is dominated by the dry climate of northern lowlands, being hot and tropical with average daily temperatures ranging between 21.1°C and 30.9°C. The warm season is between September and February with peak temperatures of over 33.9°C, and the cold season is between June and August, with temperatures dropping to 17.5°C. Average annual rainfall of around 1640 mm (65 inches), with 91% falling between November and April.

Legal aspects: Creation – based on Decree No. 56-208 of 20 February 1956 (Creation of the Réserve Spéciale d'Ankarana). The internal regulations of the protected area are posted at the Mahamasina reception office and it is strongly suggested that visitors familiarize themselves with these critical points. Cultural traditions are very important at the site and need to be respected in fine detail.

Access: The principal entrance into the eastern portion of Ankarana is along the RN6 at Mahamasina, 29 km (18 miles, about 45 minutes) north of Ambilobe and 108 km (67 miles, about 4 hours) south of Antsiranana (Diégo-Suarez). The road leading to the western side, which can be difficult during the rainy season and requires a four-wheel drive vehicle, is best accessed from the village of Isesy

Figure 15. Afin d'améliorer l'expérience des visiteurs dans les aires protégées malgaches, des infrastructures extraordinaires ont été mises en place par Madagascar National Parks. Ici, deux touristes passent sur un pont suspendu dans la Réserve Spéciale d'Ankarana, au-dessus d'une formation unique de pinacles calcaires, appelée *tsingy* en Malagasy. (Photo par Ken Behrens.) / **Figure 15.** To enhance further the experiences of visitors to Madagascar's protected areas, some extraordinary infrastructure has been installed by Madagascar National Parks. Here two tourists cross a suspended bridge in the Réserve Spéciale d'Ankarana that passes over a rather unique limestone pinnacle formation, known as *tsingy* in Malagasy. (Photo by Ken Behrens.)

situé sur la RN6 à 8 km au nord d'Ambilobe, en passant ensuite par Ambatoharanana puis Andrafiabe. Une autre route part de la RN6 juste au sud d'Anivorano Avaratra (Anivorano-Nord) vers la partie ouest et le nord d'Ankarana ; néanmoins, en raison de l'état déplorable de cette route, il n'est pas recommandé de l'emprunter. Pour toutes informations sur les autres accès et les divers aménagements, il est conseillé de se renseigner auprès des bureaux de Madagascar National Parks à Ambilobe ou Mahamasina.

Pour les visiteurs souhaitant profiter d'une visite matinale, lorsque les

(near Antanambao Marivorahona) along RN6, 8 km (5 miles) north of Ambilobe; this is the road that passes by the villages of Ambatoharanana and Andrafiabe. The road that commences along the RN6, just south of Anivorano Avaratra (Anivorano-Nord), and leads to the northern and western portions of the reserve (Matsaborimanga and Andrafiabe), is in a notably bad state and not recommended as an access route. For information on other access points and facilities, check with the Madagascar National Parks offices in Ambilobe or Mahamasina.

animaux diurnes sont les plus actifs, il est recommandé de passer la nuit dans l'un des hôtels de Mahamasina afin d'accéder au site par l'entrée principale de Mahamasina qui ouvre à 7 h 30 le matin.

Infrastructures locales : Les infrastructures de gestion comprennent le bureau administratif principal à Ambilobe, un bureau opérationnel secondaire à Mahamasina, ainsi que sept postes de garde (Marotaolana, Amboangimamy, Ambondromifehy, Mahamasina, Antsambalahy, Matsaborimanga et Marovato-Ivanga).

Les aménagements touristiques incluent une zone d'accueil (ecoshop et toilettes) à Mahamasina. Les infrastructures d'hébergement dans le site comprennent deux sites de campement (coin-cuisine, coin-repas, douche et toilettes) : le campement Andrafiabe dans la partie ouest, qui dispose d'eau et de 10 places de tente et le campement des Princes, dans la partie est, qui dispose d'un puits récemment aménagé et de 15 places de tente.

Le **réseau de huit circuits touristiques** aménagés (Grotte des Chauves-souris, Perte des rivières (Figure 13), Lac vert, Rivière verte, 2ème canyon, Ambohimalaza, Tsingy Meva, Tsingy Rary et Boucle de Benavony) totalise 29 km de sentiers ponctués de deux ponts suspendus (Figure 15), d'aires de repos/pique-nique et de cinq points de vue, dont trois avec belvédères.

Les modalités de visite (accès, circuits, difficulté et guidage) et de séjour (campement et provisions) sont à discuter avec les guides locaux et le personnel de MNP à l'entrée

For visitors wishing to enter the main gate of the protected area at Mahamasina when it opens at 7:30 a.m. for morning visits, the period most diurnal animals are active, it is suggested to spend the night in hotels at Mahamasina.

Local infrastructure: Management infrastructure includes the main regional office at Ambilobe and a secondary operational office at Mahamasina. There are also seven guard posts (Marotaolana, Amboangimamy, Ambondromifehy, Mahamasina, Antsambalahy, Matsaborimanga, and Marovato-Ivanga).

Tourist facilities include a reception area at the reserve entrance at Mahamasina (ecoshop and toilets). Accommodation facilities comprise two different camping sites (kitchenettes, dining tables, showers, and toilets): on the western side of the protected area at Campement Andrafiabe, which has a local water source and about 10 tent sites, and on the eastern side at Campement des Princes has access to water from a recently installed deep well and about 15 tent sites.

A **network of tourist trails** includes eight different circuits (Grotte des Chauves-souris, Perte des rivières (see Figure 13), Lac vert, Rivière verte, 2nd canyon, Ambohimalaza, Tsingy Meva, Tsingy Rary, and Boucle de Benavony) and in total 29 km (18 miles) of trails, including two suspended bridges (Figure 15), occasional resting/picnic areas, and five points of view, three of which have covered structures.

du site. Compte tenu du climat sec du site, il est nécessaire de prévoir suffisamment d'eau potable.

Aspects culturels : Les Antakarana, le lignage local appartenant à l'ethnie des Sakalava, ont une **histoire culturelle très riche**, dont les pratiques sont centrées autour de la famille royale et du massif d'Ankarana. Pendant la conquête du Nord de Madagascar par le roi d'Imerina Radama I dans les années 1820, les Antakarana ont conduit une lutte de guérilla ; durant cette période, les Antakarana se sont convertis à l'Islam. Ils ont trouvé refuge dans les grottes et les canyons du site, dont celle proche d'Ambatoharanana est un site culturel important devenu tombeau de la famille royale. Après sa défaite en 1838 face à l'armée de Radama I, la royauté Antakarana du roi Tsimiaro I quitta le massif et trouva refuge à Nosy Mitsio, une île au Nord-ouest ; elle a réoccupé l'Ankarana quelques années plus tard.

Pour le témoignage et la commémoration de ces événements historiques, les Antakarana pratiquent divers rites sacrés et cérémonies culturelles. Le *fisehagna*, un bain royal qui a lieu à Ampasinantegniny, est un rite annuel de purification auquel participe de nombreux Antakarana. Le *fidirana andavaka* (littéralement « entrée dans la grotte ») a lieu tous les 5 ans (l'année précédent le *tsanga-tsaigny*) dans la grotte qui a servi de refuge à la famille royale. The *dia anosy mitsio* (littéralement « voyage à Nosy Mitsio ») qui consiste à un pèlerinage sur l'île de Nosy Mitsio en commémoration de la fuite du roi Tsimiaro I durant la guerre contre

Logistic aspects (access, circuits, and guiding) and spending the night (camping and supplies) should be discussed with local guides and protected area employees at the site entrance. Given the local dry climate, it is essential to plan ahead and have sufficient drinking water.

Cultural aspects: The local cultural group, the Antakarana belonging to the Sakalava ethnicity, have a **rich cultural history**, and certain aspects are centered on the royal family and the Ankarana Massif. During the conquest of northern Madagascar by the Imerina King Radama I from the Central Highlands in the 1820s, the Antakarana fought a sort of guerila war and found refuge in local caves and canyons. One important site is a cave near Ambatoharanana, which served as the tomb for the royal family and during this period the Antakarana converted to Islam. After their defeat in 1838 at the hands of the Radama I army, the Antakarana royal family of King Tsimiaro I left the massif and found refuge on Nosy Mitsio (Mitsio Island) in the northwest; they returned to Ankarana some years later.

As a witness to and in remembrance of these different historical events, the Antakarana have several cultural practices and ceremonies. The *fisehagna* or royal bath is a yearly ritual of purification, for which many Antakarana participate, and this takes place in the village of Ampasinantegniny. The *fidirana andavaka* (literally "entrance into the cave") occurs every five years at the cave that served as the refuge for the royal family and the year before the

Radama I, a également lieu l'année avant le *tsanga-tsaigny*. Le *tsanga-tsaigny* (littéralement « lever du drapeau ») est l'événement culturel majeur des Antakarana et se tient tous les 5 ans depuis plusieurs siècles ; cette cérémonie a débuté avec le roi Andriantsirotsy (le petit-fils du roi Kozobe) et s'est poursuivie jusqu'à aujourd'hui avec le roi Tsimiaro III, le 11ème roi Antakarana qui règne depuis 1984. Durant le *tsanga-tsaigny*, deux drapeaux sont hissés : le drapeau national Malagasy et le drapeau Antakarana, symbole de la royauté et de sa souveraineté régionale. Fêtée durant plusieurs jours dans le village royal d'Ambatoharanana, la cérémonie comprend diverses célébrations culturelles auxquelles participent des pèlerins venus du monde entier.

Des tabous (*fady* en Malagasy) sont en vigueur dans les grottes d'Ankarana et tous les visiteurs doivent s'y conformer. L'entrée, et les sites sacrés en particulier, est interdite aux descendants de Radama I (Imerina) et aux femmes enceintes ou en période de menstruation. Il est interdit d'y apporter des fèves de *voanjobory* (une sorte de légumineuse), des produits confectionnés en *Ravenala* (Strelitziaceae), divers types de paniers (*antomby* ou *garaba* en Malagasy) ou de la viande de porc ou potamochère (*Potamochoerus*, Suidae).

Flore & végétation : L'Ankarana est essentiellement constitué d'un massif karstique entaillé de profondes fractures rectilignes longues de plusieurs kilomètres, en majorité dans une orientation nord-nord-est –

tsanga-tsaigny ceremony. The *dia anosy mitsio* (literally "visit to Nosy Mitsio") involves a pilgrimage to the island to commemorate the escape of King Tsimiaro I from the Radama I war and also takes place the year before the *tsanga-tsaigny*. The ceremony known as *tsanga-tsaigny* (literally "raise the flag"), which takes place every five years, is a major Antakarana cultural event since several centuries and started with King Andriantsirotsy (the grandson of King Kozobe) and continues with King Tsimiaro III, the 11th Antakarana king and reigning since 1984. Two flags are raised during the *tsanga-tsaigny*, the national flag of Madagascar and the Antakarana flag, the latter a symbol of the Antakarana Kingdom and its regional sovereignty. The ceremony involves several days of cultural activities and takes place at the royal village of Ambatoharanana and is attended by people from all over the world to celebrate this custom.

There are taboos (*fady* in Malagasy) associated with local caves, which all visitors should adhere to, and include: entrance is forbidden to the descendants of Radama I (Imerina) (specifically sacred sites), as well as carrying in any products made out of *Ravenala* (Strelitziaceae), a type of leguminous bean (*voanjobory* in Malagasy), different styles of carrying baskets (*antomby* or *garaba* in Malagasy), the meat of domestic pig or bush pig (*Potamochoerus*, Suidae), and visitation by menstruating or pregnant women.

Flora & vegetation: The Ankarana Massif encompasses a karstic zone, scored with deep linear fractures

sud-sud-ouest, ainsi que des zones d'effondrements dues à la dissolution de la roche souterraine (fissures, avens et grottes). Dans les fractures et les avens ombrés, sur sol profond et humide pendant une grande partie de l'année, on trouve une forêt dense humide semi-décidue ; cette forêt, dont la canopée atteint jusqu'à 25 m de haut, arbore une grande diversité floristique, dont des bois précieux. On trouve également de la forêt humide décidue sur basaltes dans la partie nord de l'aire protégée établies sur les anciennes coulées de lave provenant du proche massif volcanique de la Montagne d'Ambre (voir Figure 14).

L'essentiel du massif est **en revanche soumis à des conditions beaucoup plus difficiles** pour les plantes et les animaux, avec un accès à l'eau limité à la saison des pluies, selon le substrat rocheux et le sol ; les plantes démontrent ainsi un éventail d'adaptations pour stocker et réduire les pertes en eau. Dans ces zones, la forêt dense sèche est la végétation dominante et trois groupements différents ont été reconnus selon les conditions édaphiques et topographiques : 1) La forêt dense sèche sur plateau, qui profite d'un sol riche mais souvent superficiel, est une formation pluristrate avec une canopée globalement fermée et composée d'arbres de 8 à 16 m de haut ; 2) La végétation des éboulis et des rochers lapiézés, plus clairsemée et qui atteint à peine 8 m de haut, s'établit sur un sol discontinu et généralement mince, principalement dans les nombreuses fissures et entre les blocs ; 3) Le groupement végétal sur colluvions calcaires acérés

that are kilometers long, mostly aligned from north-northeast to south-southwest, and also collapsed areas caused by underground rock dissolving over time creating fissures, sink-holes, and caves. The natural vegetation is composed in part of humid semi-deciduous forest that grows in shaded fractures and sink-holes, generally with deep soil that is moist for most of the year. In such areas there is considerable plant diversity, often with precious woods, and the canopy can reach 25 m (82 feet). There are also humid deciduous forests in the north of the protected area resting on basaltic substrates associated with lava flows from Montagne d'Ambre (see Figure 14).

The majority of the massif presents **distinctly more challenging environmental conditions** for the local plants and animals and, depending on rock structure and substrate, the only access to water is during the rainy season; these conditions give rise to a range of local plant adaptations to store water and reduce water loss. In such areas, dry deciduous forest is the dominant vegetation type and has been classified into three local variants based on edaphic and topographical conditions: 1) dry deciduous forest on plateaus, with rich but often shallow substrate, a multi-layered structure, and largely closed canopy composed of trees 8-16 m (26-52 feet) tall; 2) scree and eroded rock vegetation, situated on discontinuous and generally thin soil mostly present in the numerous fissures and between rocks; this sparse vegetation rarely exceeds 8 m (26 feet); and 3) vegetation on karstic limestone (*tsingy*), which grows

Figure 16. *Adenia lapiazicola* (Passifloraceae) dans son habitat naturel sur les *tsingys* d'Ankarana et démontrant sa remarquable adaptation en milieu extrême exposé au soleil et au vent direct, ainsi qu'à l'absence d'eau, sauf pendant la saison des pluies. (Photo par Martine Bardot-Vaucoulon.) / **Figure 16.** *Adenia lapiazicola* (Passifloraceae) in its natural *tsingy* habitat at Ankarana and showing its remarkable adaptation to growing in an extreme environment exposed to direct sun and wind, as well without access to water except during the rainy season. (Photo by Martine Bardot-Vaucoulon.)

Figure 17. *Cynorkis bardotiana* (Orchidaceae) dans son habitat naturel sur le sol forestier d'Ankarana, où c'est une espèce endémique locale. (Photo par Martine Bardot-Vaucoulon.) / **Figure 17.** *Cynorkis bardotiana* (Orchidaceae) in its natural forest floor habitat at Ankarana, where it is a local endemic. (Photo by Martine Bardot-Vaucoulon.)

(*tsingy*) s'établit dans les conditions édaphiques les plus extrêmes, sur des sols squelettiques réduits à de simples accumulations d'humus dans les fissures ou cannelures de la roche, et ne dépasse qu'exceptionnellement 8 m de haut ; dans cette formation, la plupart des plantes présentent des adaptations à ces conditions extrêmes (rétention d'eau dans le tronc, tubercules souterrains, surface foliaire

in extreme edaphic conditions, with rudimentary soils that most often are just accumulations of humus inside cracks and rock folds, rarely reaching 8 m in height. Many of the plants of this latter formation have adaptations (water storing trunks, ground tubers, reduced leaf cover, and chlorophyll in the bark and branches) against the harsh conditions, including intense direct sunshine and highly seasonal access to water (Figure 16).

From the floristic side, the protected area, based on a summary from 2018, is known to have 670 species of plants, 653 (98%) of which are native, and of these 505 species (77%) are

Figure 18. L'un des groupes d'arbres emblématiques de Madagascar est les baobabs du genre *Adansonia* (Malvaceae). Six des huit espèces connues dans le monde sont endémiques de Madagascar et une septième espèce (*Adansonia digitata*), présente sur l'île, pourrait avoir été introduite d'Afrique. Ici, *Adansonia perrieri*, une espèce avec une distribution très limitée dans le Nord de Madagascar, dont l'Ankarana, est considérée comme En danger critique d'extinction. Dans l'encadré, on voit les fleurs de cette espèce, qui s'ouvrent la nuit et sont pollinisées par des papillons de nuit de la famille des Sphingidae. (Photos par Jean Michel Leong Pock Tsy.) / **Figure 18.** One of the iconic groups of Malagasy trees is the baobabs of the genus *Adansonia* (Malvaceae). Six of the eight species known in the world are endemic to Madagascar and a seventh species (*Adansonia digitata*) occurs on the island and may have been introduced from Africa. Here we illustrate *Adansonia perrieri* a species with a very limited distribution in the north of Madagascar, including Ankarana, and considered as Critically Endangered. In the inset is an image of this species' flowers, which open at night and are pollinated by moths of the family Sphingidae. (Photos by Jean Michel Leong Pock Tsy.)

réduite, chlorophylle dans le tronc et les branches), dont l'exposition directe au soleil et un accès à l'eau très saisonnier (Figure 16).

Sur la base d'une étude réalisée en 2018, la flore de l'aire protégée compte 670 espèces de plantes, dont 653 (98 %) sont indigènes et 505 (77 %) endémiques à Madagascar. endemic to Madagascar. **Thirty-nine plant species are known only from Ankarana**, that is to say they occur nowhere else on the earth, such as *Aloe roeoeslii* (Asphodelaceae), *Cynorkis barbotia* (Orchidaceae; Figure 17), and *Adenia lapiazicola* (Passifloraceae; Figure 16), and associated with their limited distributions most of these

Trente-neuf espèces de plantes ne sont connues qu'à Ankarana, c'est-à-dire qu'elles ne poussent nulle part ailleurs sur le globe, dont *Aloe roeoeslii* (Asphodelaceae), *Cynorkis barbotia* (Orchidaceae, Figure 17) et *Adenia lapiazicola* (Passifloraceae, Figure 16) ; comme leur distribution est très limitée, la plupart de ces espèces sont classées En danger d'extinction. Au total, 87 espèces ne sont connues qu'à Ankarana et dans quatre autres sites (au plus) à Madagascar, principalement des sites de forêts sèches du Nord de l'île, dont le baobab *Adansonia perrieri* (Malvaceae) classé En danger critique d'extinction par l'UICN (Figure 18) ; l'autre espèce de baobab de cette aire protégée est *Adansonia madagascariensis*. Des représentants de quatre familles endémiques de Madagascar ont été répertoriés à Ankarana : Asteropeiaceae, Physenaceae, Sarcolaenaceae et Sphaerosepalaceae.

Faune : L'Ankarana présente divers types de forêts humides semi-décidues et de forêts sèches, la plupart sur substrat calcaire ; selon divers inventaires biologiques et études menées dans les décennies passées sur ce site, la faune est remarquablement riche (Tableau B). Les conditions modérées au fond des canyons encaissés offrent un refuge saisonnier envers les contraintes sévères qui prédominent ailleurs dans l'aire protégée. L'Ankarana compte de nombreuses espèces de vertébrés terrestres endémiques au site, dont deux amphibiens (p.ex. le genre *Tsingymantis* endémique au site, Figure 19) et huit reptiles (p.ex. le gecko

are considered as threatened with extinction. In total, 87 plant species are known from Ankarana and no more than four other localities, most found at dry deciduous forest sites in the north, such as the baobab *Adansonia perrieri* (Malvaceae) classified by the IUCN as Critically Endangered (Figure 18). The second species of baobab occurring in the protected area is *Adansonia madagascariensis*. Members of four families endemic to Madagascar are present at Ankarana: Asteropeiaceae, Physenaceae, Sarcolaenaceae, and Sphaerosepalaceae.

Fauna: Ankarana contains several different types of humid semi-deciduous and dry deciduous forests, most resting on limestone, and on the basis of different faunistic studies and biological inventories conducted at the site over the past decades, it is notably rich in land vertebrates (Table B). The deep canyons, often with mesic conditions, provide an ecological buffer from the local harsh seasonal conditions in certain other portions of the protected area. Ankarana has numerous local endemic species of land vertebrates, including two amphibians (the genus *Tsingymantis* is endemic to the site; see Figure 19) and eight reptiles, including a species of leaf-tailed gecko, *Uroplatus fetsy*, that was described in 2019 (Figure 20). Further, the site contains numerous species of reptiles and amphibians with limited geographical ranges and specific habitat requirements.

The bird diversity of Ankarana is considerable and includes some species associated with moist evergreen forest; it is one of the few

Figure 19. L'exploration biologique d'Ankarana a permis pendant des années de nouvelles découvertes d'espèces précédemment inconnues de la science, notamment des plantes, des invertébrés et des vertébrés (amphibiens, reptiles, petits mammifères, chauves-souris et lémuriens). Ici, la grenouille *Tsingymantis antitra*, dont le genre et l'espèce ont été décrits en 2006, n'est connue que d'Ankarana et considérée En danger d'extinction (Photo par Achille P. Raselimanana.) / **Figure 19.** The biological exploration of Ankarana has for years yielded new discoveries of species previously unknown to science, including plants, invertebrates, and vertebrates (amphibians, reptiles, small mammals, bats, and lemurs). Here is shown the frog *Tsingymantis antitra*, the genus and species described in 2006, only known from the Ankarana, and considered Endangered (Photo by Achille P. Raselimanana.)

Figure 20. Les récents travaux d'inventaire à Ankarana, ainsi que dans les massifs calcaires voisins, se poursuivent pour découvrir de nouvelles espèces de reptiles, dont *Uroplatus fetsy*, décrit en 2019, qui n'est connu que d'Ankarana. (Photo par Achille P. Raselimanana.) / **Figure 20.** Recent inventory work at Ankarana, as well as nearby limestone massifs, continues to discover new species of reptiles, such as *Uroplatus fetsy* only known from Ankarana and described in 2019. (Photo by Achille P. Raselimanana.)

à queue plate *Uroplatus fetsy* décrit en 2019, Figure 20). De plus, on y trouve de nombreuses espèces d'amphibiens et de reptiles à distribution restreinte et exigences strictes en termes d'habitat. La diversité en oiseaux est également considérable à Ankarana et inclut quelques espèces propres à la forêt dense humide. C'est l'une des quelques aires protégées où l'on peut trouver des raretés, telles que *Mesitornis variegatus* (Mésite variée, Figure 21) et *Tyto soumagnei*

protected areas where one can see rarities such as *Mesitornis variegatus* (White-breasted Mesite, see Figure 21) and *Tyto soumagnei* (Madagascar Red Owl). A visit to Ankarana is almost certain to result in some surprise sightings, often with strange or interesting twists (Figure 22).

Given the number of caves on the Ankarana Massif, it is no wonder that the bat fauna is rich, including three sympatric species of long-fingered bats of the genus *Miniopterus* and several species described in recent years as new to science. For those intrigued by bats or cave settings, there are some rather remarkable places to visit in the reserve, including on the east side the Grotte des Chauves-souris near Mahamasina and on the west side the extensive passages of Andrafiabe

(Effraie de Soumagne). Une visite à Ankarana garantit des observations surprenantes et, presque à coup sûr, des rencontres inespérées et insolites (Figure 22).

Etant donné la profusion de grottes dans le massif d'Ankarana, il n'est pas étonnant que la faune y soit riche en chauve-souris, dont trois espèces sympatriques de chauve-souris à longs doigts du genre *Miniopterus*, ainsi que plusieurs espèces nouvelles pour la science décrites récemment. Pour les visiteurs fascinés par les chauve-souris et la spéléologie, plusieurs sites remarquables sont à admirer dans la réserve : dans la partie est, à côté de Mahamasina, la Grotte des Chauve-souris et, à l'ouest, les longs défilés des grottes d'Andrafiabe et d'Ambatoharanana (Grotte des crocodiles) où vit une population de *Crocodylus niloticus* (crocodile du Nil).

Les grottes de l'aire protégée détiennent également un autre trésor par les importants gisements d'os et **subfossiles** de divers vertébrés, dont ceux d'animaux disparus ou éteints du Nord de Madagascar durant les deniers millénaires. A ce titre, les six espèces aujourd'hui éteintes de lémuriens, toutes plus grandes que les espèces actuelles, et dont deux, dénommées lémuriens paresseux, présentaient des membres démesurément longs et qui passaient vraisemblablement l'essentiel de leur vie dans les arbres et la végétation aérienne (Figure 23).

L'aire protégée abrite également 10 espèces de lémuriens contemporains, dont *Microcebus tavaratra* (Microcèbe roux du Nord), *Lepilemur ankaranensis* (Lépilémur d'Ankarana), *Eulemur coronatus* (Lémur couronné) et *Eulemur sanfordi* (Lémur de Sanford),

Figure 21. L'un des nombreux oiseaux spéciaux que l'on peut trouver à Ankarana est *Mesitornis variegata* (Mésite variée) ; ici, un couple engagé dans un duo de chants. (Photo par Ken Behrens.) / **Figure 21.** One of several special birds that can be found at Ankarana is *Mesitornis variegata* (White-breasted Mesite). Here a pair is engaged in a song duet. (Photo by Ken Behrens.)

Cave and Ambatoharanana Cave (Crocodile Cave), the later with a population of *Crocodylus niloticus* (Nile Crocodile).

Another aspect of the caves in the protected area is that several have yielded considerable bone remains or **subfossils** of different vertebrates, including those that over the past few thousand years have been extirpated from northern Madagascar or have gone extinct. Perhaps most notable in this regard is six species of now extinct lemur, all bigger than any living species and include those with disproportionately long limbs, known as sloth lemurs, which presumably spent most of their lives in trees and other vegetation off the ground (Figure 23).

The protected area is also home to 10 species of living lemurs, including

Figure 22. Etant donné le réseau important de sentiers dans l'aire protégée et l'état naturel des habitats forestiers restants, de nombreux visiteurs du site pourront faire des observations surprenantes. Par exemple, en plein jour un cryptoprocte, *Cryptoprocta ferox* (Eupleridae), le plus grand carnivore vivant de l'île, traversant un pont suspendu (Photo par Edmond Sieber.) / **Figure 22.** Given the extensive trail system in the protected area and the natural state of the remaining forest habitats, many visitors to the site will have some surprise observations. For example, in broad daylight a *Cryptoprocta ferox* or Fossa (Eupleridae), the largest living carnivoran on the island, crossing a suspended walkway (Photo by Edmond Sieber.)

toutes menacées et rencontrées uniquement dans l'Extrême-Nord de l'île. L'impact écologique de la disparition des lémuriens, en général ou spécifiquement ceux disparus d'Ankarana, est difficile à déterminer, mais concerne leur rôle essentiel dans la dispersion de divers fruits et graines et, ainsi, le fonctionnement de l'écosystème forestier dans son ensemble. Leur disparition souligne la nécessité capitale de conserver les derniers habitats forestiers restants et les organismes d'Ankarana, ce qui

Microcebus tavaratra (Northern Rufous Mouse Lemur), *Lepilemur ankaranensis* (Ankarana Sportive Lemur), *Eulemur coronatus* (Crowned Lemur), and *Eulemur sanfordi* (Sanford's Brown Lemur), which are threatened and only found in the far northern forests of the island. The ecological impact of the disappearance of the different globally or locally extinct lemur species at Ankarana is difficult to ascertain, but certainly impacted the role they played in the dispersal of

Figure 23. Différentes espèces de lémuriens, présentes dans la forêt d'Ankarana jusqu'à il y a quelques milliers d'années, vivaient dans la partie supérieure de la canopée. Parmi les espèces éteintes figurent (en haut au milieu) *Babakotia radofilai*, un « lémurien-paresseux » qui utilisait un moyen de locomotion suspenseur et (à l'extrême gauche) *Pachylemur*, un grand quadrupède arboricole qui était également capable de se suspendre par ses pattes postérieures dans un mode similaire à celui des lémuriens actuels du genre *Varecia*. Sont également inclus (en haut à droite) un groupe de *Propithecus perrieri* (Propithèque de Perrier), une espèce qui semble avoir disparu d'Ankarana au cours des dernières décennies, et (en bas à droite) *Indri indri* (Indri), aujourd'hui limité à la forêt humide orientale. (Planche de Velizar Simeonovski.) / **Figure 23.** Here is illustrated different lemur species that occurred in the Ankarana Forest until a few thousand years ago and lived in the upper portion of the canopy. Amongst the extinct forms are (upper middle) *Babakotia radofilai*, a "sloth-lemur" that used a suspensory means of locomotion, and (far left) *Pachylemur*, and a large arboreal quadruped that was also capable of suspending itself by its hind feet in a fashion similar to the living ruffed lemurs of the genus *Varecia*. Also included is a group (upper right) of *Propithecus perrieri* (Perrier's Sifaka), a species that seems to have disappeared from Ankarana in the past few decades, and (lower right) *Indri indri* (Indri), today restricted to the eastern humid forest. (Plate by Velizar Simeonovski.)

constitue la mission de Madagascar National Parks.

Enjeux de conservation : L'aire protégée d'Ankarana subit diverses pressions humaines sur les écosystèmes naturels subsistants ; ainsi, Madagascar National Parks et ses organisations partenaires doivent

a variety of seeds and fruits, and in a larger sense ecosystem functioning. Their disappearance underlines the critical need to conserve the remaining natural forested habitats and the constituent organisms of Ankarana, which is the mission of Madagascar National Parks.

faire face à certaines menaces, telles que l'exploitation des ressources forestières (y compris bois précieux), l'exploitation minière (particulièrement saphir), l'agriculture itinérante sur brûlis (*tavy* en Malagasy) et les feux pastoraux incontrôlés, allumés pour renouveler les pâturages, mais qui pénètrent dans l'aire protégée. Les aménagements de conservation incluent 10 km de **pares-feux entretenus**.

Il n'y a pas de programme de restauration spécifique, mais quelques pépinières villageoises ont été installées. Les facilités de recherche sont limitées aux aménagements touristiques existants. Le dispositif d'étude écologique est composé de trois transects de 2 km pour le suivi mensuel des lémuriens et de parcelles forestières suivies annuellement. Etant donné la valeur biologique unique du site, **sa conservation à long terme est essentielle pour la sauvegarde du patrimoine naturel Malagasy** et il est primordial que ceci soit fait en collaboration avec les communautés locales et dans le respect des coutumes Antakarana (Figure 24).

L'impact du changement climatique, un problème qui affecte l'ensemble de Madagascar, se manifeste localement à Ankarana par l'apparition inhabituelle, entre 1985 et 2014, de phases de sécheresse de plus de 10 jours au cœur de la saison des pluies. Au cours de cette même période, le début de la saison des pluies a avancé de 20 jours et, toujours entre 1985 et 2014, la température moyenne maximale a augmenté de 1,0 °C, alors la température moyenne minimale n'a pas montré de changement significatif.

Conservation challenges: The Ankarana protected area has several different human pressures on the remaining natural ecosystems, and aspects such as exploitation of forest resources (including hardwoods), mining (particularly sapphires), swidden (*tavy* in Malagasy) agricultural, or fire entering the reserve associated with local burning of grasslands to renew pasture lands, are problems being address by Madagascar National Parks and several partner organizations. Conservation facilities include 10 km (6.2 miles) of **maintained firebreaks**.

There is no specific restoration program at the site, but some village nurseries have been set up. Research areas are limited to existing tourist facilities. The ecological study infrastructure comprises three 2 km (1.2 miles) transects used for monthly monitoring of lemurs and forest parcels that are monitored annually. Given the site's biological uniqueness, **its long-term conservation is imperative to safeguard Malagasy natural patrimony** and it is paramount that this is done in collaboration with local communities and respectful of Antakarana customs (Figure 24).

There is some evidence of local climatic change, an aspect impacting Madagascar as a whole, and between 1985 and 2014, dry episodes of up to 10 days occur at the height of the rainy season. At the end of this 30-year period, the rainy season tended to start 20 days earlier. From 1985 to 2014, there was no significant change in the average minimum daily temperature, while the average maximum temperature increased by 1.0°C.

Figure 24. Dans le Nord de Madagascar, comme ailleurs sur l'île, il existe de nombreuses coutumes et traditions locales qui doivent être respectées et suivies, notamment les conseils des ancêtres. Ici, un aîné conduisant un *fomba* dans une grotte d'Ankarana, plus précisément un *joro* demandant la bénédiction des ancêtres. (Photo par Madagascar National Parks.) / **Figure 24.** In northern Madagascar, as elsewhere across the island, there are many local customs and traditions that need to be respected and followed, which include guidance from the ancestors. Here is shown an elder in a cave in Ankarana conducting a *fomba*, specifically a *joro* asking for the benediction of the ancestors. (Photo by Madagascar National Parks.)

Avec les contributions de / With contributions from: L. D. Andriamahefarivo, M. Bardot-Vaucoulon, A. Djaovita, K. Behrens, S. G. Cardiff, L. Gautier, F. Glaw, S. M. Goodman, E. E. Louis Jr., Madagascar National Parks, P. P. Lowry II, P. B. Phillipson, M. J. Raherilalao, B. Ramasindrazana, A. P. Raselimanana, A. B. Rylands, N. Salo, V. Soarimalala, M. Vences, et / and S. Wohlhauser.

Tableau B. Liste des vertébrés terrestres connus d'Ankarana. Pour chaque espèce, le système de codification suivant a été adopté : un astérisque (*) *avant* le nom de l'espèce désigne un endémique malgache ; les noms scientifiques en **gras** désignent les espèces strictement endémiques à l'aire protégée ; les noms scientifiques soulignés désignent des espèces uniques ou relativement uniques au site ; un plus (+) *avant* un nom d'espèce indique les taxons rentrant dans la catégorie Vulnérable ou plus de l'UICN ; un [1] *après* un nom d'espèce indique les taxons introduits ; et les noms scientifiques entre parenthèses nécessitent une documentation supplémentaire. Pour certaines espèces de grenouilles, les noms des sous-genres sont entre parenthèses. / **Table B.** List of the known terrestrial vertebrates of Ankarana. For each species entry the following coding system was used: an asterisk (*) *before* the species name designates a Malagasy endemic; scientific names in **bold** are those that are strictly endemic to the protected area; underlined scientific names are unique or relatively unique to the site; a plus (+) *before* a species name indicate taxa with an IUCN statute of at least Vulnerable or higher; [1] *after* a species name indicates it is introduced to the island; and scientific names in parentheses require further documentation. For certain species of frogs, the subgenera names are presented in parentheses.

Amphibiens / amphibians, n = 17

Heterixalus luteostriatus
Heterixalus variabilis
Boophis tephraeomystax
Aglyptodactylus securifer
Laliostoma labrosum
Blommersia wittei
Gephyromantis (Phylacomantis) pseudoasper
*+Mantella viridis

Mantidactylus (Brygoomantis) bellyi
*+**Tsingymantis antitra**
Ptychadena mascareniensis
(Cophyla phyllodactyla)
*+**Stumpffia be**
Stumpffia larincki
Stumpffia mamitika
*Stumpffia megsoni
Hoplobatrachus tigerinus[1]

Reptiles / reptiles, n = 51

Crocodylus niloticus
***Brookesia confidens**
*+Brookesia ebenaui
*Brookesia stumpffi
*Furcifer oustaleti
*Furcifer pardalis
*Furcifer petteri
*+Blaesodactylus boivini
***Blaesodactylus microtuberculatus**
(Geckolepis maculata)
***Geckolepis megalepis**
Hemidactylus mercatorius
***Lygodactylus expectatus**
*Lygodactylus heterurus
*Lygodactylus rarus
*Paroedura homalorhina
*Paroedura karstophila
*Paroedura stumpffi
*Phelsuma abbotti
*Phelsuma grandis
*+**Phelsuma roesleri**
***Uroplatus fetsy**
*Uroplatus henkeli
*+Zonosaurus boettgeri
*Zonosaurus haraldmeieri
*Zonosaurus rufipes

*Zonosaurus tsingy
+Flexiseps alluaudi
*Flexiseps ornaticeps
*Madascincus miafina
*Trachylepis elegans
*+Trachylepis tavaratra
*Acrantophis madagascariensis
*Sanzinia volontany
*Alluaudina bellyi
*+**Alluaudina mocquardi**
*Dromicodryas quadrilineatus
***Heteroliodon lava**
*Langaha madagascariensis
*Leioheterodon madagascariensis
*Leioheterodon modestus
*Liophidium therezieni
*Liophidium torquatum
*Lycodryas granuliceps
*+Lycodryas inopinae
*Madagascarophis occultus
***Madagascarophis lolo**
*+Pararhadinaea melanogaster
*+Phisalixella variabilis
*Mimophis mahfalensis
*Madatyphlops mucronatus

Oiseaux / birds, n = 113

*+*Tachybaptus pelzelnii*
Phalacrocorax africanus
Anhinga melanogaster
Ardea alba
Ardea cinerea
*+*Ardea humbloti*
Ardea purpurea
+*Ardeola idae*
Ardeola ralloides
Bubulcus ibis
Butorides striata
Egretta ardesiaca
Egretta garzetta
Ixobrychus minutus
Nycticorax nycticorax
Scopus umbretta
Anastomus lamelligerus
*Lophotibis cristata
Platalea alba
Plegadis falcinellus
Dendrocygna viduata
Sarkidiornis melanotos
Accipiter francesiae
*Accipiter henstii
*Accipiter madagascariensis
*Aviceda madagascariensis
*Buteo brachypterus
*+*Haliaeetus vociferoides*
Milvus aegyptius
*Polyboroides radiatus
Falco concolor
Falco eleonorae
Falco newtoni
Falco peregrinus
*Falco zoniventris
Coturnix delegorguei
*Margaroperdix madagarensis
Numida meleagris
*+*Mesitornis variegatus*
*Turnix nigricollis
Dryolimnas cuvieri
Fulica cristata
Gallinula chloropus
*Actophilornis albinucha
Rostratula benghalensis
Himantopus himantopus
+*Glareola ocularis*
Charadrius hiaticula
Charadrius pecuarius
*+*Charadrius thoracicus*
Charadrius tricollaris
Actitis hypoleucos
Tringa nebularia
Chlidonias sp.
*Pterocles personatus
*Alectroenas madagascariensis
Oena capensis

Nesoenas picturata
Treron australis
*Agapornis canus
Coracopsis nigra
Coracopsis vasa
Centropus toulou
*Coua caerulea
*Coua coquereli
*Coua cristata
*Cuculus rochii
Tyto alba
*+*Tyto soumagnei*
*Athene superciliaris
*Otus rutilus
Caprimulgus madagascariensis
*Gactornis enarratus
Apus balstoni
Tachymarptis melba
Cypsiurus parvus
*Zoonavena grandidieri
Corythornis vintsioides
*Corythornis madagascariensis
Merops superciliosus
Eurystomus glaucurus
Leptosomus discolor
*Upupa marginata
*Eremopterix hova
Phedina borbonica
*Motacilla flaviventris
Coracina cinerea
Hypsipetes madagascariensis
*Copsychus albospecularis
Saxicola torquata
Terpsiphone mutata
Cisticola cherina
*Neomixis tenella
Nesillas typica
*Bernieria madagascariensis
*Xanthomixis zosterops
Cinnyris notatus
Cinnyris sovimanga
Zosterops maderaspatana
*Artamella viridis
*Calicalicus madagascariensis
Cyanolanius madagascarinus
*Falculea palliata
*Leptopterus chabert
*Newtonia brunneicauda
*Vanga curvirostris
Dicrurus forficatus
Corvus albus
Acridotheres tristis[1]
*Hartlaubius auratus
*Foudia madagascariensis
*Ploceus sakalava
*Lepidopygia nana

Tenrecidae – tenrecidés / tenrecs, n = 3

*Microgale brevicaudata
*Setifer nov. sp. A

*Tenrec ecaudatus

Soricidae – musaraignes / shrews, n = 1

Suncus etruscus[1]

Nesomyidae - rongeurs / rodents, n = 1

**Eliurus carletoni*

Muridae - rongeurs / rodents, n = 1

Rattus rattus[1]

Chauves-souris / bats, n = 17

*+*Eidolon dupreanum*
*+*Pteropus rufus*
**Rousettus madagascariensis*
**Macronycteris commersoni*
*+*Paratriaenops auritus*
**Triaenops menamena*
**Paremballonura tiavato*
**Coleura kibomalandy*
**Chaerephon jobimena*

Chaerephon leucogaster
Mops leucostigma
**Mormopterus jugularis*
**Otomops madagascariensis*
**Myotis goudoti*
Miniopterus aelleni
**Miniopterus gleni*
**Miniopterus griveaudi*

Eupleridae – carnivore / carnivoran, n = 4

*+*Cryptoprocta ferox*
*+*Eupleres goudotii*

**Fossa fossana*
**Galidia elegans*

Viverridae - carnivore / carnivoran, n = 1

Viverricula indica[1]

Lémuriens / lemurs, n = 10

**Cheirogaleus shethi*
*+*Microcebus tavaratra*
*+*Phaner electromontis*
*+*Lepilemur ankaranensis*
*+*Eulemur coronatus*

*+*Eulemur sanfordi*
*+*Hapalemur occidentalis*
**Avahi* sp.
*+*Propithecus perrieri*
*+*Daubentonia madagascariensis*

MONTAGNE D'AMBRE

Noms : Parc National de la Montagne d'Ambre, nom abrégé : Montagne d'Ambre (voir https://www.parcs-madagascar.com/parcs/montagne%20d%20ambre.php pour plus de détails).

Catégorie UICN : II, Parc National.

Généralités : Gérée par Madagascar National Parks (MNP), cette aire protégée est la quatrième la plus visitée par les touristes dans le pays ; elle s'étale sur un volcan éteint et est principalement composée d'une luxuriante forêt de montagne. Située entre 750 et 1474 m d'altitude et d'une surface de plus de 30 500 hectares, la beauté naturelle de cette aire protégée est magnifiée par ses **profonds cratères, de nombreuses cascades majestueuses** (Figure 26) **et ses points de vue panoramiques**. D'un point de vue écologique, elle se distingue considérablement des deux autres aires protégées décrites dans ce guide ; dans le Parc National de la Montagne d'Ambre, la plupart des sentiers touristiques se situent au-dessus de 950 m d'altitude où le climat est clairement plus frais et agréable et les précipitations sont fréquentes, particulièrement dans l'après-midi. Durant la saison des pluies, et surtout après les grosses averses, les sangsues terrestres ne sont pas rares et les visiteurs sont amenés à replier leurs pantalons dans les chaussettes, chaussures ou bottes, afin de se protéger de l'assaut de ces créatures, ennuyantes mais inoffensives. L'application de répulsif avec une concentration élevée en

MONTAGNE D'AMBRE

Names: Parc National de la Montagne d'Ambre, short name – Montagne d'Ambre (see https://www.parcs-madagascar.com/parcs/montagne%20d%20ambre.php for further details).

IUCN category: II, National Park.

General aspects: This protected area, the fourth most visited on the island, which physically encircles an extinct volcano, is under the management of Madagascar National Parks (MNP), and is largely composed of lush montane forest. The inherent beauty of this protected area of more than 30,500 hectares, mostly between 750 m (2460 feet) and 1474 m (5836 feet), is accentuated by **deep crater lakes, numerous majestic waterfalls** (Figure 26), **and panoramic views**, making it notably different from an ecological perspective to the other two protected areas described in this book. In the Parc National de la Montagne d'Ambre, most of the trails visited by tourists are above 950 m (3117 feet) and the local climate is distinctly cool and comfortable. Rain is frequent, particularly in the afternoon. During the wet season, notably after heavy rain, terrestrial leeches are not uncommon and visitors should tuck their pants into their socks and shoes (boots), a technique that helps deter these annoying but harmless invertebrates from feeding. Insect repellent with a high concentration of DEET applied to socks and lower portion of pants is also an effective manner to keep leeches from climbing, attaching, and taking a blood meal.

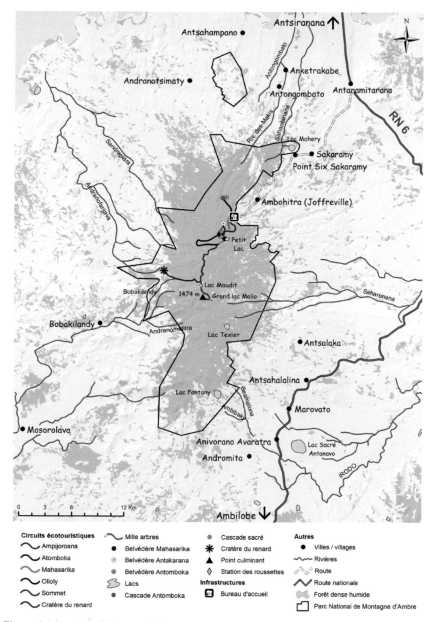

Figure 25. Carte de l'aire protégée de la Montagne d'Ambre, des accès routiers, du réseau de sentiers et des différents types d'infrastructures et des villes et villages environnants mentionnés dans le texte. / **Figure 25.** Map of the Montagne d'Ambre protected area, road access, the trail system and different types of infrastructure, and surrounding towns and villages mentioned in the text.

Figure 26. Le réseau étendu de sentiers dans la forêt de la Montagne d'Ambre renferme des points de vue remarquables et de nombreuses surprises, y compris de splendides lacs de cratères et des cascades cachées, telles que la Grande Cascade. (Photo par Louise Jasper.) / **Figure 26.** The extensive trails within the forests of Montagne d'Ambre are filled with remarkable views and many surprises, including splendid crater lakes and hidden waterfalls, such as the Grande Cascade. (Photo by Louise Jasper.)

DEET sur le bas du pantalon et les chaussettes est également un moyen efficace d'empêcher les sangsues de s'accrocher et de remonter pour sucer leur butin de sang.

Dominant les plaines côtières environnantes, la Montagne d'Ambre est un massif montagneux isolé arrosé régulièrement, en particulier au-dessus de 900 m d'altitude, par les pluies induites par les systèmes météorologiques qui passent. Ces

The Montagne d'Ambre is an isolated mountain that rises from the coastal plain and given its considerable elevation receives regular rain from passing weather systems, specifically in the portion above 900 m. This precipitation provides sufficient moisture to maintain **lush vegetation, including orchids, mosses, and a range of different epiphytes**. The local natural vegetation is largely composed of

fréquentes précipitations apportent l'humidité suffisante pour le maintien d'une **végétation luxuriante, incluant des orchidées, des mousses et une gamme variée d'épiphytes**. La végétation naturelle est principalement composée de forêt dense humide sempervirente de moyenne altitude, également appelée forêt de montagne. Sa faune vertébrée forestière typique compte 36 espèces d'amphibiens, 67 espèces de reptiles, 102 espèces d'oiseaux et 28 espèces de mammifères indigènes, incluant deux espèces de lémuriens endémiques au massif (Tableau C). Ainsi, il ne faut pas manquer une visite dans ce site pour s'émerveiller devant ses paysages extraordinaires et observer son unique et riche faune et flore, en particulier après une visite des forêts sèches d'Ankarana, afin d'apprécier véritablement l'extraordinaire diversité écologique du Nord de Madagascar.

Sur la base des données météorologiques de la Station Forestière des Roussettes (à 1000 m d'altitude), les étages supérieurs de la Montagne d'Ambre présentent le climat humide du Nord, tropical et chaud avec une température annuelle moyenne de 19,6 °C, comprises entre 9,2 °C et 29,8 °C. La saison chaude s'étend de septembre à février, et la saison froide, de juin à août. La pluviométrie annuelle est en moyenne de 4014 mm, dont 75 % entre décembre et mars, mais des précipitations substantielles sont enregistrées pour les autres mois.

Aspects légaux : Basée sur le Décret n° 58-07 du 28 octobre 1958 (création du Parc National de la

medium altitude moist evergreen forest, also referred to as montane forest. With its distinct forest-dwelling vertebrate fauna, which includes 36 species of amphibians, 67 species of reptiles, 102 species of birds, and 28 species of native mammals, including two lemurs endemic to the massif (Table C), a visit to the site to see the extraordinary landscapes and view the rich and unique flora and fauna is not to be forgotten. This is particularly the case after a trip to the dry forests of Ankarana and providing a real appreciation of the ecological diversity of northern Madagascar.

On the basis of a weather data from the Station Forestière des Roussettes (at 1000 m), the upper reaches of Montagne d'Ambre is dominated by the humid climate of the north, being hot and tropical with average annual temperature of 19.6°C and ranging between 9.2°C and 29.8°C. The warm season is between September and February and the cold season is between June and August. Average annual rainfall of around 4014 mm (13.2 feet), with 75% falling between December and March, but with notable precipitation in the other months.

Legal aspects: Creation – based on Decree No. 58-07 of 28 October 1958 (Creation of the Parc National de la Montagne d'Ambre) and Decree No. 58-15 of 28 October 1958 (Creation of the Réserve Spéciale de la Forêt d'Ambre). In 2015, both protected areas, including the former Forêt Classée d'Ambre, were merged within a single National Park and the Station Forestière des Roussettes became the service area, based on Decree

Montagne d'Ambre) et complétée par le Décret n° 58-15 du 28 octobre 1958 (création de la Réserve Spéciale de la Forêt d'Ambre). En 2015, les deux aires protégées sont fusionnées et la Station Forestière des Roussettes instituée en zone de services du parc, par le Décret n°2015-776 du 28 avril 2015, pour constituer le Parc National de la Montagne d'Ambre. Le règlement intérieur de l'aire protégée est affiché dans le bureau d'accueil de l'entrée principale et il est vivement recommandé de s'imprégner de ces éléments d'attention avant la visite.

Accès : L'entrée principale du parc est située à environ 36 km d'Antsiranana (Diégo-Suarez) en suivant la RN6 jusqu'au village d'Antanamitarana, puis en prenant la route vers Ambohitra (Joffreville), puis la route qui conduit au parc (environ 24 km après la bifurcation de la RN6). Les derniers 4 km après Ambohitra sur une **route secondaire peuvent être un peu difficile après la pluie**. Pour des informations sur les autres accès au parc, il est préférable de s'adresser au bureau de Madagascar National Parks à Ambohitra ou Antsiranana ou à l'Office régional du tourisme de DIANA, sis à Antsiranana.

Infrastructures locales : Les infrastructures de gestion incluent un bureau administratif principal du gestionnaire situé à 3,5 km après Ambohitra (Joffreville) à l'entrée du site et deux bureaux opérationnels secondaires à Antsahampano au nord et Anivorano Avaratra (Anivorano-Nord) au sud. Il y a également huit postes de gardes (Antongombato, Sakaramy, Ambohitra, Antsalaka,

No. 2015-776 of 28 April 2015. At the main entrance office are posted the internal rules to the protected area and it is strongly suggested that visitors familiarize themselves with these important points.

Access: The principal park entry is about 36 km (22.4 miles) from Antsiranana (Diégo-Suarez), accessible by following the RN6 to the village of Antanamitarana, turning on the road to Ambohitra (Joffreville), and carrying on to the principal park entrance (about 24 km [15 miles] from the RN6 bifurcation). The last 4 km (2.5 miles), above Ambohitra, is a **secondary road and after rains can be slightly difficult**. For information on other access points to the park, it is best to ask at the Madagascar National Parks office in Ambohitra or Antsiranana or at the Office Régional du Tourisme de DIANA in Antsiranana.

Local infrastructure: Management infrastructure includes the main administrative office located on the main road 3.5 km (2.2 miles) above Ambohitra (Joffreville) close to the site entrance and two secondary operational offices (area offices) at Antsahampano in the north and at Anivorano Avaratra (Anivorano-Nord) in the south. There are also eight guard posts (Antongombato, Sakaramy, Ambohitra, Antsalaka, Marovato, Misorolava, Bobakilandy, and Andranotsimaty). For visitors wishing to enter the main entrance of the park when it opens at 8 a.m. for morning visits, the period most diurnal animals are active, it is suggested to spend the night at a hotel in Ambohitra.

Marovato, Misorolava, Bobakilandy et Andranotsimaty). Pour les visiteurs souhaitant profiter d'une visite matinale, lorsque les animaux diurnes sont les plus actifs, il est recommandé de passer la nuit dans l'un des hôtels d'Ambohitra, afin d'accéder au site par l'entrée principale qui ouvre à 8 h le matin.

Les aménagements touristiques incluent une zone d'accueil (tables de pique-nique et toilettes) à l'entrée principale ; à la Station des Roussettes, on trouve un gîte (aujourd'hui fermé) et un site de campement équipé (20 abris-tentes, coin-cuisine, coin-repas, foyer, eau, douche et toilettes). Le **réseau de circuits touristiques totalise 33 km** (Ampijoroana 3 km, Lac Mahasarika 2,7 km, Cratère Renard 12 km, Olioly 12 km, circuit Antomboka 3,2 km), ponctués d'aires de repos non-équipés, souvent avec des tables de pique-nique, et de points de vue (par exemple Petite Cascade, Grande Cascade et Lac Maudit). Il n'y a pas de facilités de recherche spécifiques, mais des campements de prospection scientifique sont connus à la rivière Antomboka, au Lac Maudit et au sommet. Les modalités de visite (accès, circuits et guidage) et de séjour (campement et provisions) sont à discuter avec les guides locaux et le personnel de MNP à l'entrée du site.

Aspects culturels : Durant la colonisation française, Joffreville (aujourd'hui dénommée Ambohitra), village situé à proximité du parc à 900 m d'altitude, était une zone occupée et visitée par les étrangers en raison de son climat plus frais en comparaison de celui de la ville

Tourist facilities include a reception area at the park entrance (with picnic tables and toilets). Accommodations at Station des Roussettes include a guest house that is now closed and a nearby equipped camping site (20 tent shelters, kitchenettes, dining tables, water, showers, and toilets). A network of **tourist circuits comprise 33 km of trails** (Ampijoroana circuit, 3.0 km [1.9 miles] long; Lake Mahasarika circuit, 2.7 km [1.7 miles] long; Renard Crater circuit, 12 km [7.5 miles] long; Olioly circuit, 12 km [7.5 miles] long; and Antomboka circuit, 3.2 km [2.0 miles] long). At scattered points along these trails are non-equipped rest areas, often with picnic sites, and viewpoints (e.g., Petite Cascade, Grande Cascade, and Lac Maudit). No research infrastructure exists at the site, but camping areas are present, such as along the Antomboka River, at Lac Maudit, and in the summit zone. Logistic aspects (access, circuits, and guiding) and spending the night (camping and supplies) should be discussed with local guides and MNP employees at the park entrance.

Cultural aspects: The town of Joffreville, located adjacent to the park and at an elevation starting at about 900 m, was during the period of French colonization a place occupied and regularly visited by foreigners, in part due to its cooler temperatures as compared to the neighboring coastal city of Antsiranana. Further, thanks to its rich volcanic soils and regular rainfall continues to be agriculturally productive. During this period, Joffreville was a sort of Promised Land for Reunionese, Mahorais, and

d'Antsiranana. De plus, en raison de la nature volcanique des sols et des précipitations régulières, c'est une zone agricole jusqu'à aujourd'hui. Durant cette période, c'était en quelque sorte une « Terre promise » pour les immigrants réunionnais, mahorais et mauriciens, principalement créoles, et un lieu de villégiature secondaire pour les Français. Le village a conservé son charme créole avec de belles maisons en bois ornées de lambrequins et des maisons de maître en pierre à l'architecture coloniale.

Les communautés locales, qui appartiennent aux groupes culturels Antakarana et Anjoaty, utilisent certains sites dans le parc à des fins rituelles (*fomba* en Malagasy) ; une fois leurs vœux exaucés, les gens reviennent souvent dans le site pour y effectuer différents types de sacrifice en guise de remerciements. Par exemple à la Petite Cascade, derrière la Station des Roussettes (Ampijoroana), un site rituel (*doany* en Malagasy) est encore utilisé par les Antakarana et Anjoaty, et on peut y voir de l'argent, des pièces et des bouteilles de miel.

Flore & végétation : La Montagne d'Ambre est un massif volcanique isolé qui culmine à 1475 m. L'alizé l'atteint sans obstacle et, bien qu'il se trouve dans une région avec un climat comportant une importante saison sèche, il reçoit beaucoup plus de précipitations que les régions avoisinantes, particulièrement dans la portion supérieure où la saison sèche est inexistante avec une pluviométrie annuelle considérable. Les cyclones, qui touchent occasionnellement la

Mauritians immigrants, many being creole, and a holiday getaway for the French. The town still maintains a creole charm with handsome wooden houses adorned with lambrequins and large houses built out of stone with colonial architecture.

Local communities, including people of the Antakarana and Anjoaty cultural groups, use sites within the park to conduct different types of rites (*fomba* in Malagasy) and often after these wishes are fulfilled, people return to the site for different forms of sacrifices, acting as votive offerings. For example, at the Petite Cascade, just behind Station des Roussettes (Ampijoroana), there is a site (*doany* in Malagasy) for such types of rites that is still used by the Antakarana and Anjoaty, and money, coins, and bottles of honey, etc. can be found.

Flora & vegetation: Montagne d'Ambre is an isolated volcanic massif culminating at 1474 m (4836 feet). The trade winds reach it without obstacle, and even though the surrounding area, including the foothills of the mountain, has a climate with a pronounced dry season, the massif receives considerable precipitation, particularly its upper reaches, where there is no pronounced dry season, and considerable annual precipitation. Cyclones, which hit the DIANA Region on occasion, have a considerable impact on the forest structure.

Most of the protected area is covered in forest, mainly medium altitude moist evergreen forest (Figure 27), also known as **montane forest**. These formations are often of high stature, with a generally closed

région DIANA, ont aussi un impact considérable sur la structure forestière.

L'essentiel de l'aire protégée est couvert de forêts, en grande majorité du type forêt dense humide sempervirente de moyenne altitude, également appelée **forêt de montagne** (Figure 27). Ces forêts ont en général une stature élevée avec des canopées avoisinant 20 à 25 m de haut (Figure 28) avec quelques émergents plus hauts, mais les crêtes et les sommets les plus exposés ont une forêt de taille réduite. A proximité du point culminant du massif, la canopée ne dépasse pas 5 m de haut

canopy reaching 20 to 25 m (66 to 82 feet) (Figure 28) and emergent trees even higher, whereas the more exposed ridges and summits have forest of smaller stature. Close to the summit, the canopy generally does not reach more than 5 m (16 feet) high and portions of the local plant community includes ericoid mountain thicket. In the zone surrounding the Station Forestière des Roussettes, which is today known as Ampijoroana, signs of experimental planting of different introduced trees are present, for example, different species of eucalyptus (*Eucalyptus*, Myrtaceae),

Figure 27. Forêt dense humide sempervirente de moyenne altitude sur la crête principale avec une prairie d'altitude sur un ancien lac de cratère comblé de la Montagne d'Ambre. (Photo par Laurent Gautier.) / **Figure 27.** Medium altitude moist evergreen forest with montane grassland on a silted old volcanic lake at Montagne d'Ambre. (Photo by Laurent Gautier.)

Figure 28. La forêt de la Montagne d'Ambre est une forêt humide de moyenne altitude typique qui présente une canopée relativement fermée limitant la pénétration de la lumière du soleil atteignant le sol. (Photo par Louise Jasper.) / **Figure 28.** As typical of medium altitude moist evergreen forest, the canopy at Montagne d'Ambre is notably closed and the upper branches of the taller trees form a close network that limits sunlight from reaching the forest floor. (Photo by Louise Jasper.)

et s'approche d'un fourré éricoïde de montagne.

Dans les environs de la Station Forestière des Roussettes, nommée aujourd'hui Ampijoroana, les plantations expérimentales de différentes essences introduites sont encore visibles, par exemple diverses espèces d'eucalyptus (*Eucalyptus*, Myrtaceae), araucaria ou pin de Norfolk (*Araucaria heterophylla*, Araucariaceae) et acajou ou

Norfolk Island pine (*Araucaria heterophylla*, Araucariaceae), and mahogany (*Swietenia macrophylla*, Meliaceae).

The presence of numerous craters at the site points to the massif's volcanic nature. Some craters form lakes, such as Grand Lac (Figure 29) and Lac Maharasika. Several of these lakes are in the process of being filled-in by silt (e.g., Lac Maudit) and with marsh vegetation and montane grasslands, whereas others have been completely filled in and covered by forest. A series of small craters to the west of Lac Maudit show signs of more recent activity, which resulted in two major basaltic flows towards the west and southwest. Given the very porous basaltic substrate of certain areas, such as to the west of Lac Maudit, even with abundant precipitation the forest is dry deciduous and includes species characteristic of the Western Domain.

At lower altitudes, precipitation is generally less abundant and more seasonably variable. Below 1100 m (3610 feet), the forest on the western side of the massif is subject to a **rain shadow effect** and is best described as moist semi-deciduous. In the north, especially on the site of the former Réserve Spéciale de la Forêt d'Ambre, situated to the north of Ambohitra, elevation drops quickly over a short distance, from 800 m (2625 feet) to 250 m (820 feet), and this zone has moist semi-deciduous forest.

From the floristic side, based on a summary from 2018, the protected area is known to have 721 species of plants, 695 (96%) of which are native, and of these 458 species (66%) are

Figure 29. La présence de cônes stromboliens et de lacs de cratère autour et aux contreforts de la Montagne d'Ambre atteste de l'origine volcanique du massif. Ici, le Grand Lac, un lac de cratère juste en contrebas du sommet qui présente une végétation marécageuse et des prairies de montagne. (Photo par Brian L. Fisher.) / **Figure 29.** The occurrence of different cinder cones (strombolian) and crater lakes around and at the foothills of Montagne d'Ambre attest to the volcanic origin of the massif. Here is illustrated Grand Lac, a crater lake just below the summit and with marsh vegetation and montane grasslands. (Photo by Brian L. Fisher.)

mahogany (*Swietenia macrophylla*, Meliaceae).

La nature volcanique du massif est manifeste par la présence de nombreux cratères. Certains sont des lacs, comme Grand Lac (Figure 29) et Lac Maharasika, parfois en cours d'atterrissement avec une végétation de marais et de prairie d'altitude (Lac Maudit). D'autres sont entièrement comblés et présentent une végétation forestière. Une série de petits cratères situés à l'ouest du Lac Maudit témoigne d'une activité volcanique plus récente, à l'origine de deux importantes coulées de

endemic to Madagascar (Figure 30). The flora of the site contains many species endemic to the extreme north, including some widely distributed species. **Thirty-one species are known only from Montagne d'Ambre**, such as *Dombeya capuroniana* (Malvaceae), *Aeranthes ambrensis* and *Angraecum ambrense* (Orchidaceae), and *Chrysophyllum ambrense* (Sapotaceae).

As a further measure of regional endemism, 54 species are known from Montagne d'Ambre and no more than four other localities on Madagascar, most from the northern portion of the

roches basaltiques dans les directions ouest et sud-ouest ; en raison du substrat très filtrant, et malgré les précipitations vraisemblablement abondantes, la forêt y est sèche et décidue et comprend des espèces caractéristiques du Domaine de l'Ouest.

A plus basse altitude, les précipitations sont moins importantes et présentent un régime plus contrasté. Le versant occidental, soumis à un **effet de fœhn**, présente en-dessous de 1100 m, une transition vers la forêt dense humide semi-décidue. Sur la partie nord, principalement dans l'ancienne Réserve Spéciale de la Forêt d'Ambre au nord d'Ambohitra, les altitudes passent rapidement à des valeurs inférieures à 800 m et descendent jusqu'à 250 m avec des forêts denses humides semi-décidues.

Sur la base d'une étude réalisée en 2018, la flore de l'aire protégée compte 721 espèces de plantes, dont 695 (96 %) sont indigènes et 458 (66 %) endémiques à Madagascar (Figure 30). La flore du site comprend de nombreuses espèces endémiques de l'Extrême-Nord de Madagascar, dont certaines assez répandues. **Trente-et-une espèces de plantes ne sont connues qu'à la Montagne d'Ambre** telles que *Dombeya capuroniana* (Malvaceae), *Aeranthes ambrensis* et *Angraecum ambrense* (Orchidaceae), et *Chrysophyllum ambrense* (Sapotaceae).

Faune : Ce massif volcanique isolé présente une importante diversité de vertébrés terrestres (Tableau C), ainsi qu'un nombre considérable d'espèces endémiques locales, dont, 10 espèces

Figure 30. Plante vivante de l'épiphyte *Kalanchoe uniflora* (Crassulaceae), une espèce endémique du Nord de Madagascar, dans son habitat naturel à la Montagne d'Ambre. (Photo par George E. Schatz.) / **Figure 30.** Living plant of *Kalanchoe uniflora* (Crassulaceae), a species endemic to the north of Madagascar, in its natural habitat growing as an epiphyte at Montagne d'Ambre. (Photo by George E. Schatz.)

island, one of the most noteworthy being a baobab *Adansonia perrieri* (Malvaceae, see Figure 18), which is considered by the IUCN as Critically Endangered. Members of two endemic plant families are known to occur at Montagne d'Ambre: Physenaceae and Sphaerosepalaceae.

Fauna: This isolated volcanic massif has a significant diversity of vertebrates (Table C), as well as a considerable number of local endemics, which include, for example, 10 species of amphibians and 11 species of reptiles. Among certain reptile groups, species diversity is elevated and, for example, includes 14 species of chameleons (Figure 31), six being endemic to the massif, and six species of *Uroplatus* geckos, one of which is a local endemic. The site is also terrific for bird watching and it is relatively easy to see some Malagasy endemics

Figure 31. Le Parc National de la Montagne d'Ambre possède une riche faune reptilienne avec 67 espèces, dont 11 espèces ne sont pas connues ailleurs. Parmi les caméléons, 14 espèces y sont présentent, dont cet individu de *Calumma amber*, qui a été décrite en 2006 et fait partie des espèces endémiques locales. (Photo par Mark D. Scherz.) / **Figure 31.** The Parc National de la Montagne d'Ambre has a rich reptile fauna with 67 different named species, of which 11 species are only known from the massif. Among chameleons, 14 species are represented, including this individual of *Calumma amber*, which was described in 2006 and is one of the local endemic species. (Photo by Mark D. Scherz.)

Figure 32. *Lophotibis cristata* (Ibis huppé de Madagascar), représente un genre endémique de Madagascar à large distribution sur l'île ; c'est une espèce forestière qui fréquente les bas-fonds et les petits ruisseaux, comme ici à la Montagne d'Ambre. (Photo par Jan Pedersen.) / **Figure 32.** *Lophotibis cristata* (Madagascar Crested Ibis), represents an endemic genus to Madagascar. This forest species that is often found in valleys and low-lying areas. It has a broad distribution across the island and this image was taken at Montagne d'Ambre. (Photo by Jan Pedersen.)

d'amphibiens et 11 espèces de reptiles. Parmi certains groupes de reptiles, la diversité spécifique est élevée et compte, par exemple, 14 espèces de caméléons, dont six endémiques au massif (Figure 31) et six espèces d'*Uroplatus*, dont un endémique local. C'est également un site formidable pour l'observation des oiseaux et il est relativement facile d'y trouver des espèces endémiques Malagasy comme *Atelornis pittoides* (Brachyptérolle pittoïde) et *Lophotibis cristata* (Ibis huppé de Madagascar, Figure 32).

Deux espèces de lémuriens nocturnes ne sont connues que dans such as *Atelornis pittoides* (Pitta-like Ground-roller) and *Lophotibis cristata* (Madagascar Crested Ibis) (Figure 32). Two species of nocturnal lemurs are only known from the park's forests, *Cheirogaleus andysabini* (Andy Sabin's Dwarf Lemur) (Figure 33) and *Microcebus arnholdi* (Arnhold's Mouse Lemur).

To give a sense of the importance of continued research on the massif and at the same time the level of knowledge of the local fauna, these two species of lemurs were described in 2015 and 2008, respectively. Further, in 2015 a new species of bat to science was described from the site, *Miniopterus ambohitrensis* (Montagne d'Ambre Long-fingered Bat), named for the nearby village of Ambohitra.

70

LES AIRES PROTÉGÉES DE LOKOBE, D'ANKARANA ET DE LA MONTAGNE D'AMBRE /
THE PROTECTED AREAS OF LOKOBE, ANKARANA, AND MONTAGNE D'AMBRE

Figure 33. La Montagne d'Ambre possède une faune de lémuriens intéressante, deux des six espèces connues étant uniques au massif ; telles que *Cheirogaleus andysabini* (Lémur nain d'Andy Sabin), une espèce nocturne qui n'a été décrite qu'en 2015. (Photo par Jan Pedersen.) / **Figure 33.** Montagne d'Ambre has an interesting lemur fauna, with two of the six known species being unique to the massif. Here is shown one of the locally endemic species, *Cheirogaleus andysabini* (Andy Sabin's Dwarf Lemur), a nocturnal species which was described only in 2015. (Photo by Jan Pedersen.)

les forêts du parc : *Cheirogaleus andysabini* (Lémurien nain d'Andy Sabin, Figure 33) et *Microcebus arnholdi* (Microcèbe d'Arnhold) ; ces deux espèces, décrites respectivement en 2015 et 2008, illustrent l'importance de poursuivre des recherches et d'améliorer le niveau de connaissance de la faune locale. En outre, une nouvelle espèce de chauve-souris pour la science y a été décrite en 2015 : *Miniopterus ambohitrensis* (Minioptère de la Montagne d'Ambre) nommé d'après le village d'Ambohitra.

Des recherches complémentaires sur la biodiversité (plantes, invertébrés et vertébrés) de cette aire protégée sont nécessaires, en particulier dans les zones méconnues, telles que les pentes ouest du massif ; ces inventaires biologiques et études

Additional work in the form of biological inventories and associated systematic studies, particularly in poorly known areas such as the western slopes of the massif, is needed on the biota (plants, invertebrates, and vertebrates) of this protected area to provide further data on the local diversity, which will almost certainly result in the discovery of previously unknown species and provide new insights for conservation programs.

Conservation challenges: The following human pressures exist in and around the protected area: swidden agriculture (*tavy* in Malagasy, locally known in the extreme north as *tetik'ala*); overexploitation of tree and non-timber forest products; and wildfires that occasionally enter into the forest. An aspect that is critical to underline is that several of the rivers

systématiques permettront d'obtenir des données complémentaires, qui donneront probablement lieu à la découverte d'espèces inconnues jusque-là et fourniront de nouvelles perspectives pour les programmes de conservation.

Enjeux de conservation : L'aire protégée de la Montagne d'Ambre et ses alentours sont sous la contrainte de diverses pressions humaines, telles que l'agriculture itinérante sur brûlis (*tavy* en Malagasy, appelé *tetik'ala* dans l'Extrême-Nord), la surexploitation des ressources forestières ligneuses et non-ligneuses et les feux pastoraux incontrôlés qui pénètrent parfois dans les forêts. Un enjeu crucial est que de nombreuses rivières qui prennent leur source dans le massif, alimentent en eau la ville d'Antsiranana (la population environnante et ses secteurs économiques) ; ainsi, la dégradation de la forêt, garante de cette ressource vitale, pourra avoir des conséquences désastreuses sur la survie des populations du Nord de Madagascar.

Les pentes sud et ouest du massif (à l'extérieur et à l'intérieur du parc) sont l'objet d'une pression croissante : la culture intense du *qat* (*Catha edulis*, Celastraceae), une plante introduite qui procure une sensation euphorisante après mastication. Des plantes introduites ont envahi différents habitats du site, telles que *Brugmansia candida* (Solanaceae) le long des ruisseaux forestiers et *Lantana camara* (Verbenaceae) dans les zones ouvertes en bordure forestière.

that originate on the massif are the principal water sources for the city of Antsiranana, the regional population and economic center, and if the forests are degraded, these lifelines for the people of northern Madagascar will be greatly reduced and with local dire consequences.

The southern and southwestern slopes of the massif are areas of intense cultivation of *qat* (*Catha edulis*, Celastraceae), an introduced plant that after masticating the leaves produces a sense of euphoria; this is a growing pressure in and around the protected area. Introduced plant species have invaded different portions of the site and include *Brugmansia candida* (Solanaceae) along forest streams and *Lantana camara* (Verbenaceae) in more open areas and at the forest edge.

Conservation facilities include 6 km (3.7 miles) of **maintained firebreaks**. Ecological study facilities consist of six 2 km (1.2 miles) transects for monthly lemur monitoring. There is no specific restoration program, but some nurseries have been set up in the surrounding villages. Madagascar National Parks has a range of different programs at the site and in surrounding communities to advance in a positive manner these conservation challenges.

Climate change is an aspect impacting Madagascar as a whole. Between 1985 and 2014 the minimum and maximum daily temperatures on Montagne d'Ambre did not show a significant shift (increase or decrease); nevertheless, these data come from the lower parts of the massif and in-depth research is needed on this issue.

Les aménagements de conservation incluent 6 km de **pares-feux entretenus**. Le dispositif d'étude écologique est composé de six transects de 2 km pour le suivi mensuel des lémuriens. Il n'y a pas de programme de restauration spécifique, mais quelques pépinières villageoises ont été installées. Madagascar National Parks conduit divers programmes sur ce site et ses environs avec les communautés locales afin d'apporter des solutions positives aux défis de la conservation.

L'impact du changement climatique est un problème qui affecte l'ensemble de Madagascar. Sur la base des données disponibles de 1985 à 2014, les températures minimale et maximale journalières n'ont pas montré de hausse significative sur ce site ; néanmoins, ces données proviennent des parties inférieures du massif et des recherches approfondies sont nécessaires sur cet enjeu.

Avec les contributions de / With contributions from: L. D. Andriamahefarivo, A. Andrianarimisa, C. Bikiny, J. U. Ganzhorn, L. Gautier, F. Glaw, S. M. Goodman, E. E. Louis Jr., P. P. Lowry II, Madagascar National Parks, L. E. Olson, P. B. Phillipson, M. J. Raherilalao, B. Ramasindrazana, A. P. Raselimanana, C. J. Raxworthy, A. B. Rylands, V. Soarimalala, M. Vences, et / and S. Wohlhauser.

Tableau C. Liste des vertébrés terrestres connus de la Montagne d'Ambre (site 4). Pour chaque espèce, le système de codification suivant a été adopté : un astérisque (*) **avant** le nom de l'espèce désigne un endémique malgache ; les noms scientifiques en **gras** désignent les espèces strictement endémiques à l'aire protégée ; les noms scientifiques <u>soulignés</u> désignent des espèces uniques ou relativement uniques au site ; un plus (+) **avant** un nom d'espèce indique les taxons rentrant dans la catégorie Vulnérable ou plus de l'UICN; un [1] **après** un nom d'espèce indique les taxons introduits ; et les noms scientifiques entre parenthèses nécessitent une documentation supplémentaire. Pour certaines espèces de grenouilles, les noms des sous-genres sont entre parenthèses. / **Table C.** List of the known terrestrial vertebrates of Montagne d'Ambre (site 4). For each species entry the following coding system was used: an asterisk (*) **before** the species name designates a Malagasy endemic; scientific names in **bold** are those that are strictly endemic to the protected area; <u>underlined</u> scientific names are unique or relatively unique to the site; a plus (+) **before** a species name indicate taxa with an IUCN statute of at least Vulnerable or higher; [1] **after** a species name indicates it is introduced to the island; and scientific names in parentheses require further documentation. For certain species of frogs the subgenera names are presented in parentheses.

Amphibiens / amphibians, n = 36

*_Heterixalus carbonei_
*+**<u>Boophis (Boophis) baetkei</u>**
*+<u>Boophis (Boophis) blommersae</u>
*+<u>Boophis (Boophis) brachychir</u>
*_Boophis (Boophis) entingae_
*_Boophis (Boophis) roseipalmatus_
*_Boophis (Boophis) septentrionalis_
*_Boophis (Sahona) tephraeomystax_
*_Aglyptodactylus madagascariensis_
*_Aglyptodactylus securifer_
*_Blommersia wittei_
*+<u>Gephyromantis (Asperomantis) ambohitra</u>
*_Gephyromantis (Duboimantis) granulatus_
*+<u>Gephyromantis (Laurentomantis) horridus</u>
*_Gephyromantis (Phylacomantis) pseudoasper_
*_Guibemantis (Pandanusicola) albomaculatus_

*_Guibemantis (Pandanusicola) liber_
*+_Mantella viridis_
*_Mantidactylus (Brygoomantis) bellyi_
*_Mantidactylus (Brygoomantis) betsileanus_
***_Mantidactylus (Ochthomantis) ambony_**
*_Mantidactylus (Ochthomantis) ambreensis_
*_Ptychadena mascareniensis_
*_Cophyla maharipeo_
*+**_Cophyla noromalalae_**
*+**_Cophyla puellarum_**
*_Platypelis grandis_
***_Rhombophryne ellae_**
*_Rhombophryne laevipes_
*+**_Rhombophryne matavy_**
*<u>_Stumpffia angeluci_</u>
***_Stumpffia bishopi_**
***_Stumpffia huwei_**
*+**_Stumpffia madagascariensis_**
***_Stumpffia maledicta_**
*<u>_Stumpffia megsoni_</u>

Reptiles / reptiles, n = 67

***_Brookesia ambreensis_**
***_Brookesia antakarana_**
***_Brookesia desperata_**
*+_Brookesia ebenaui_
*_Brookesia stumpffi_
*+**_Brookesia tuberculata_**
***_Calumma amber_**
*_Calumma ambreense_
*_Calumma linotum_
*_Calumma nasutum_
*_Furcifer oustaleti_
*_Furcifer pardalis_
*<u>_Furcifer petteri_</u>
***_Furcifer timoni_**

*+_Blaesodactylus boivini_
*_Ebenavia inunguis_
*<u>_Ebenavia safari_</u>
*(_Geckolepis maculata_)
Hemidactylus frenatus
*_Lygodactylus heterurus_
*+_Lygodactylus madagascariensis_
*_Paroedura gracilis_
*_Paroedura oviceps_
*_Paroedura stumpffi_
*_Phelsuma abbotti_
*_Phelsuma grandis_
*_Phelsuma dorsivittata_
*+_Uroplatus_ sp. aff. _henkeli_ Ca11

74

LES AIRES PROTÉGÉES DE LOKOBE, D'ANKARANA ET DE LA MONTAGNE D'AMBRE /
THE PROTECTED AREAS OF LOKOBE, ANKARANA, AND MONTAGNE D'AMBRE

*_Uroplatus alluaudi_
*+_Uroplatus ebenaui_
Uroplatus finiavana
*+_Uroplatus giganteus_
*_Uroplatus sikorae_
*_Zonosaurus haraldmeieri_
*_Flexiseps alluaudi_
*+_Flexiseps mandokava_
*_Flexiseps melanurus_
*_Madascincus minutus_
*_Madascincus mouroundavae_
*_Madascincus stumpffi_
Paracontias brocchii
*_Paracontias hildebrandti_
*_Trachylepis elegans_
*+_Trachylepis tavaratra_
*_Sanzinia volontany_
*_Alluaudina bellyi_
Compsophis albiventris
*(_Compsophis infralineatus_)

*_Dromicodryas quadrilineatus_
*_Elapotinus picteti_
*_Ithycyphus miniatus_
*_Leioheterodon madagascariensis_
*_Leioheterodon modestus_
*_Liophidium rhodogaster_
*_Liophidium torquatum_
Liopholidophis dimorphus
*_Lycodryas granuliceps_
*+_Lycodryas inopinae_
*_Mimophis occultus_
*+_Phisalixella variabilis_
Pseudoxyrhopus ambreensis
*_Pseudoxyrhopus microps_
*_Pseudoxyrhopus quinquelineatus_
*_Thamnosophis lateralis_
*+_Thamnosophis martae_
*_Madatyphlops microcephalus_
*_Madatyphlops mucronatus_

Oiseaux / birds, n = 102

*+_Tachybaptus pelzelnii_
Tachybaptus ruficollis
Phalacrocorax africanus
Anhinga melanogaster
+_Ardeola idae_
Ardeola ralloides
Bubulcus ibis
Nycticorax nycticorax
Scopus umbretta
*_Lophotibis cristata_
*+_Anas bernieri_
Anas erythrorhyncha
Accipiter francesiae
*_Accipiter henstii_
*_Accipiter madagascariensis_
*_Aviceda madagascariensis_
*_Buteo brachypterus_
*+_Haliaeetus vociferoides_
Milvus aegyptius
*_Polyboroides radiatus_
Falco concolor
Falco eleonorae
Falco newtoni
*_Falco zoniventris_
Coturnix coturnix
Coturnix delegorguei
*_Margaroperdix madagarensis_
Numida meleagris
*_Turnix nigricollis_
Dryolimnas cuvieri
Gallinula chloropus
*_Mentocrex kioloides_
Porphyrio madagascariensis
*_Sarothrura insularis_
*_Actophilornis albinucha_
*_Alectroenas madagascariensis_
Oena capensis
Nesoenas picturata
Treron australis
*_Agapornis canus_

Coracopsis nigra
Coracopsis vasa
Centropus toulou
*_Coua cristata_
*_Cuculus rochii_
Tyto alba
*+_Tyto soumagnei_
Asio capensis
*_Asio madagascariensis_
*_Athene superciliaris_
*_Otus rutilus_
Caprimulgus madagascariensis
*_Gactornis enarratus_
Apus affinis
Apus balstoni
Tachymarptis melba
Cypsiurus parvus
*_Zoonavena grandidieri_
Alcedo vintsioides
*_Corythornis madagascariensis_
Merops superciliosus
Eurystomus glaucurus
*_Atelornis pittoides_
Leptosomus discolor
*_Upupa marginata_
*_Philepitta castanea_
*_Eremopterix hova_
Phedina borbonica
Riparia riparia
*_Motacilla flaviventris_
Coracina cinerea
Hypsipetes madagascariensis
*_Copsychus albospecularis_
*_Monticola sharpei_
Saxicola torquata
Terpsiphone mutata
Cisticola cherina
*_Neomixis tenella_
Nesillas typica
*_Bernieria madagascariensis_

*Oxylabes madagascariensis
*Xanthomixis zosterops
Cinnyris notatus
Cinnyris sovimanga
Zosterops maderaspatana
*Calicalicus madagascariensis
Cyanolanius madagascarinus
*Falculea palliata
*Leptopterus chabert
*Newtonia amphichroa
*Newtonia brunneicauda

*Pseudobias wardi
*Tylas eduardi
*Vanga curvirostris
Dicrurus forficatus
Corvus albus
Acridotheres tristis[1]
*Hartlaubius auratus
*Foudia madagascariensis
*Foudia omissa
*Ploceus nelicourvi
*Lepidopygia nana

Tenrecidae - tenrecidés / tenrecs, n = 9

*Microgale brevicaudata
*Microgale drouhardi
*Microgale fotsifotsy
*Microgale parvula
*Microgale longicaudata

*Nesogale dobsoni
*Nesogale talazaci
*Setifer cf. nov. sp. A
*Tenrec ecaudatus

Soricidae - musaraignes / shrews, n = 1

Suncus murinus[1]

Nesomyidae - rongeurs / rodents, n = 4

*Eliurus ellermani
*Eliurus majori

*Eliurus minor
*Eliurus webbi

Muridae - rongeurs / rodents, n = 1

Rattus rattus[1]

Chauves-souris / bats, n = 5

*+Pteropus rufus
*Macronycteris commersoni
*Myotis goudoti

*Miniopterus ambohitrensis
*Miniopterus majori

Eupleridae - carnivore / carnivoran, n = 4

*+Cryptoprocta ferox
*+Eupleres goudotii

*Fossa fossana
*Galidia elegans

Viverridae - carnivore / carnivoran, n = 1

Viverricula indica[1]

Lémuriens / lemurs, n = 6

Cheirogaleus andysabini
+Microcebus arnholdi
*+*Phaner electromontis*

*+*Eulemur coronatus*
*+*Eulemur sanfordi*
*+Daubentonia madagascariensis

76

LES AIRES PROTÉGÉES DE LOKOBE, D'ANKARANA ET DE LA MONTAGNE D'AMBRE /
THE PROTECTED AREAS OF LOKOBE, ANKARANA, AND MONTAGNE D'AMBRE

NOTES